中国特色现代学徒制探索与实践

——以北京财贸职业学院
物流管理专业为例

张慧　李作聚　耿莹莹　刘华　武晓钊　白地动　王莉娜　著

中国水利水电出版社
www.waterpub.com.cn

内 容 提 要

　　本书分为研究篇、实践篇、案例篇、成果篇。研究篇包括校企合作背景下现代学徒制双主体育人模式研究、财经商贸类高职院校开展现代学徒制比较研究、现代学徒制中利益均衡分析、现代学徒制实践情况调查分析、基于现代学徒制的创业教学模式研究；实践篇以北京财贸职业学院商学院物流管理为例，介绍了从现代学徒制理论研究到现代学徒制实践的内容；案例篇和成果篇介绍了典型的案例和成果；附录部分介绍了笔者在实施现代学徒制过程中开发的教学文本。本书图文并茂、逻辑清晰，有理论价值和实用价值。期望本书对财经商贸类现代学徒制实践有借鉴意义，让院校、企业更聚焦中国特色的现代学徒制研究与探索，在政、行、企、校的共同努力之下，探索一条中国特色的现代学徒制之路。

　　本书可作为企业人员和研究人员的参考书目，也可作为职业院校和应用型本科院校教学管理、专业建设的参考用书。

图书在版编目（ＣＩＰ）数据

中国特色现代学徒制探索与实践 ： 以北京财贸职业
学院物流管理专业为例 / 张慧等著. -- 北京 ： 中国水
利水电出版社，2022.4
　ISBN 978-7-5226-0566-1

　Ⅰ．①中… Ⅱ．①张… Ⅲ．①高等职业教育－物流管
理－学徒－教育制度－研究－北京 Ⅳ．①F252.1

中国版本图书馆CIP数据核字 (2022) 第047202号

策划编辑：周益丹　　责任编辑：高 辉　　封面设计：梁 燕

书　　名	中国特色现代学徒制探索与实践——以北京财贸职业学院物流管理专业为例 ZHONGGUO TESE XIANDAI XUETUZHI TANSUO YU SHIJIAN—YI BEIJING CAIMAO ZHIYE XUEYUAN WULIU GUANLI ZHUANYE WEILI	
作　　者	张慧　李作聚　耿莹莹　刘华　武晓钊　白地动　王莉娜　著	
出版发行	中国水利水电出版社 （北京市海淀区玉渊潭南路 1 号 D 座　100038） 网址：www.waterpub.com.cn E-mail: mchannel@263.net（万水） 　　　　　sales@mwr.gov.cn 电话：（010）68545888（营销中心）、82562819（万水）	
经　　售	北京科水图书销售有限公司 电话：（010）68545874、63202643 全国各地新华书店和相关出版物销售网点	
排　　版	北京万水电子信息有限公司	
印　　刷	三河市华晨印务有限公司	
规　　格	170mm×240mm　16 开本　12 印张　202 千字	
版　　次	2022 年 4 月第 1 版　　2022 年 4 月第 1 次印刷	
定　　价	59.80 元	

前　　言

　　培养技术技能型人才，是职业教育人才培养的主要目标；做出特色，是职业教育影响力提升的关键；产教融合、校企合作，是职业教育增强内涵的主要途径。中国特色学徒制将为抢占并巩固全球人才竞争制高点，为开启全面建设社会主义现代化国家新征程、向第二个百年奋斗目标进军做好人力资源深度开发的基础准备。数字经济时代，我国面临着产业基础高级化、产业链现代化的发展任务，职业教育在我国产业基础高级化、产业链现代化的建设过程中具有重要地位。党的十九届五中全会通过的《中共中央关于制定国民经济和社会发展第十四个五年规划和二〇三五年远景目标的建议》提出"探索中国特色学徒制"和"建设高质量教育体系"的发展目标。探索中国特色学徒制是党中央基于国际国内发展环境及我国紧迫的发展任务所提出的具有战略意义的目标规划，明确中国特色学徒制的内涵及其实施路径，有助于全社会凝聚共识、形成力量，推动我国职业教育转型升级，助力中国特色社会主义现代化建设目标的实现。本书以北京财贸职业学院商学院物流管理专业现代学徒制实践为例，介绍现代学徒制双主体育人实施的流程，并针对实施过程中企业、学生、学校遇到的问题，进行理论研究与实践，探索中国特色学徒制的理论、实践流程及制度、规范，为院校、企业实施现代学徒制提供经验借鉴。

　　产教融合视域下，财经商贸类高职院校开展的现代学徒制有助于深化财经类院校产教融合与校企合作，是完善现代职业教育体系建设的战略逻辑。本书从宏观体制机制、中观模式实施、微观课程体系重构三个层面比较研究财经商贸类高职院校开展现代学徒制情况，提炼升华具有中国特色的财经商贸类高职现代学徒制理论与实践，为推进职业教育内涵建设与完善职业教育体系，服务区域经济转型升级、产业布局与高质量发展提供参考。

　　利益相关理论视角下，本书分析我国职业院校在现代学徒制试点工作中所涉及的利益相关主体，运用矩阵模型分析核心利益相关者的投入与收益，并以此为依据探索现代学徒制实施中出现利益不平衡和利益冲突的原因，最后提出为推进现代学徒制的顺利进行，贯彻产教融合、校企共育的方针，就要构建利益平衡机制，保障企业在现代学徒制中收支的平衡，实现现代学徒制中校企利益的平衡，解决现代学徒制中企业与学生的冲突。

　　创新创业背景下，本书以业务为学习内容，依托创新企业的实践教学系统，完成对创业学生的培养。学校开发以创业实践活动为中心的课程，着重解决基础性、专业性的教学内容；企业作为育人的另一个主体，按照职业规范、岗位工作流程和考核标准确定教学内容和流程，着重解决实践性强、标准高、具有企业专属性的教学内容，由企业安排技术能手作为师傅负责带领学生上岗学习，校内教师与校外教师交替或同时进行。这种人才培养模式实现了学校、企业的深度合作，实现了专创融合，摸索出了一条适合当前国内环境、以职业能力培养为主的技术技能型人才培养的有效路径，是现代学徒制落地实施的有效模式。

北京财贸职业学院商学院物流管理专业是国家示范性高等职业院校重点建设专业、教育部首批现代学徒制试点专业、教育部首批 1+X 证书制度试点院校所在专业、北京市胡格模式教学实验项目专业，专业教学团队 2019 年入选首批国家级职业教育教师教学创新团队。笔者对照《教育部职业教育现代学徒制试点项目任务书》，在构建校企双主体协同育人机制、推进招生招工一体化、形成人才培养制度和标准及实施过程、制定现代学徒制特色的管理制度等方面着力进行了相关研究和实践，并介绍了相关案例。

本书分为研究篇、实践篇、案例篇、成果篇，以北京财贸职业学院商学院物流管理为例，介绍了从现代学徒制理论研究到现代学徒制实践的内容，并在附录部分介绍了笔者在实施现代学徒制过程中开发的教学文本，期望本书对财经商贸类现代学徒制实践有借鉴意义，让院校、企业更聚焦中国特色的现代学徒制研究与探索，在政、行、企、校的共同努力之下，探索一条中国特色的现代学徒制之路。

本书为首批教育部职业教育教师教学创新团队（北京财贸职业学院物流管理团队）研究成果，是教育部首批国家级职业教育教师教学创新团队课题中国云仓模式研究（SJ2020120101T）。

本书由张慧、李作聚、耿莹莹、刘华、武晓钊、白地动、王莉娜著。感谢北京安信捷达物流有限公司对现代学徒制项目实施的帮助和支持；还要感谢叶靖副教授、刘健副教授、付丽茹副教授、苗红副教授、王艳教授、罗松涛老师、何忠鹏老师、牛江华老师在现代学徒制实践中付出的辛苦努力，感谢孙万军教授、武飞教授、龙洋副研究员、田志英副教授、于继超副教授为学徒制实施提供的指导，感谢杨宜教授、李宇红教授对校企双主体育人、现代学徒制教学体系构建与实施的指导和对项目研究的帮助。

本书从着手写作到几经修改完成终稿耗时两年之多，作为一本探索中国特色学徒制的著作，在学术观点、逻辑体系、内容结构、写作风格上难免存在疏漏之处。我们虚心接受社会各界专家、学者和企业家的批评指正，同时也期望本书能激发学术界研究的热情，共同为探索中国特色的现代学徒制而贡献智慧。

作　者
2021 年 11 月

目　　录

研究篇

一、校企合作背景下现代学徒制双主体育人模式研究

[摘要]培养技术技能型人才，是职业教育人才培养的主要目标；做出特色，是职业教育影响力提升的关键；产教融合、校企合作，是职业教育增强内涵的主要途径。本章探讨了主要的校企合作模式：校企共建订单班、引企入校、建立校外实践基地、现代学徒制等，其中现代学徒制是双主体育人贯穿全过程的一种模式。本章以北京财贸职业学院商学院物流管理专业现代学徒制实践为例，介绍现代学徒制双主体育人实施的流程，并针对实施过程中企业、学生、学校遇到的问题，提出三个层面的建议。

[关键词]现代学徒制　校企合作　双主体

2019 年，国务院印发了《国家职业教育改革实施方案》（简称"职教 20 条"），为职业教育的发展指明方向，把职业教育放在更加重要的位置，该方案提出："借鉴其'双元制'等模式，总结现代学徒制和企业新型学徒制试点经验，校企共同研究制定人才培养方案，及时将新技术、新工艺、新规范纳入教学标准和教学内容，强化学生实习实训。"培养技术技能型人才，是职业教育人才培养的主要目标；做出特色，是职业教育影响力提升的关键；产教融合、校企合作，是职业教育增强内涵的主要途径。

（一）主要的校企合作模式

1. 校企共建订单班

订单班是学校根据企业的实际岗位需求、专业特点，校企双方建立定向合作关系，人才培养过程中双方共同成立联合教研室，制定人才培养方案，在师资、设备以及技术技能平台等方面进行资源共享，学生就业点对点。例如，北京财贸职业学院商学院的"菜百订单班"。

2. 引优质企业进学校

将优质企业引进校园，企业的生产经营在学校内进行，学生可以在企业中进行岗位训练，将校内的理论学习与岗位训练相结合。这种模式既解决了学校实习实训场景、方式和场地的问题，创造了真实企业环境，有助于学生技能的提升；也解决了企业场地的问题，校企资源共享，实现双赢，是产学研一体化的有效方式。但目前这种方式受政策限制，施行起来有一定局限性。

3. 建立校外实践基地

根据人才培养方案，选择与专业对应岗位一致的优质企业作为校外实践基地，学校可以安排学生采用"3+2"（三天在学校，两天在企业）、"1+1"（半个学期在学校，半个学期在企业）等工学交替的方式，学校和企业双方共同制定校外实践期间企业课堂的内容，可以锻炼学生的实践能力、职业技能，提升学生职业素养，提高学生处理实际问题的能力。校内老师可通过校外实践基地，了解企业前沿的经营管理问题，不与实践脱节，优化教学内容。作为校外实践基地，企业可以在实际工作中考察学生，从中选拔优秀人才作为储备力量，满足企业的用工需求，零售业用工缺口的问题得以解决，实现校企双赢。北京财贸职业学院商学院与"世界 500 强企业"沃尔玛一起创办的企业课堂，即为这种模式。学生们的职业素养受到企业好评，企业从中选拔了优秀人才进入人才的后备队伍。

4. 现代学徒制模式

现代学徒制是进一步深化产教融合、校企合作，不断完善学校、企业双主体协同育人机制，培育高端技术技能人才的模式。现代学徒制的特征是"校企双元育人、学生双重身份，校内外交互训教、岗位工学交替、岗位实践培养、在岗培养成才"，校企双主体育人，教师、师傅双导师制，对学生以技能培养为主。与订单班、建立校内外实践基地不同，现代学徒制更注重对学生技能的培养，校企的双主体育人特征更明显，贯穿全过程；学校和企业双方协同制定招生方案、协同研讨制定人才培养方案，学徒制课程涵盖企业的关键业务岗位和流程；从进入企业开始学徒制学习的那一天开始，学生在具备"学生"身份的同时，也具备了"企业员工"的双重身份，接受学校、企业的双重考核，双导师同时负责学生的培养，学生的能力提升明显。现代学徒制模式能够实现专业方向与产业、行业需求相对接，课程教学内容与职业标准相对接，教学过程与生产流程相对接，毕业证书与岗位所需证书相对接,职业教育进程与终身学习教育对接,利于提升职业教育人才培养的适应性和质量。

(二)北京财贸职业学院商学院现代学徒制实践

1. 建立校企"双主体"协同育人机制

北京财贸职业学院商学院物流管理专业是国家级示范专业,是教育部首批学徒制试点专业、教育部分级制试点专业建设、北京市胡格模式教学实验项目专业。在实施现代学徒制的初期,探索实施"双主体、校企育人全过程、工学结合"模式、校企协同合作机制,在此基础上逐渐完善和升级。学校与企业、学徒签订学徒制协议,协议明确建立"双主体"育人机制,确定双方的责任与义务,学校、企业共同研讨制订、实施招生方案,实施工学交替、交互训教、岗位成才、多方评价等重点工作,体现校企成本共担和共同培养,体现双重身份、岗位成才的特点,共同做好育人工作。

2. 选定优质企业,共同制定育人方案

通过考察确定北京安信捷达物流有限公司(简称"安信捷达")为物流管理专业现代学徒制试点企业,校企共同制定现代学徒制实施方案,完成顶层设计,如图 1-1 所示。成立现代学徒制工作专班,建立校企例会制度,负责学徒制工作的组织、管理、监督、考核。专班不定期召开研讨会,跟进人才培养过程;校企双方教师共同研讨确定了技能课程和岗位课程构成的课程体系、确定课程模块、岗位类型、带教师傅选拔标准、考核制度等,完成人才培养方案研讨和设计。现代学徒制以企业需求、岗位需求为导向,技能培养与企业需求相适应,有助于学生适应岗位需要、提高职业素养。

3. 建立校企联合学徒制教研室,共同制定课程标准

学校老师与企业师傅成立联合学徒制教研室,依据专业教学标准要求,结合产业人才画像和岗位操作流程,分解、凝练岗位所需核心技能,由行业、企业、学校共同研究教学内容,侧重实践性和可操作性。按照职业岗位、操作过程、职业素质进行职业能力分析,以此制定课程标准。建立"课程模块化、内容项目化、项目岗位化"的课程体系架构,提炼出 13 个典型工作任务并开发相应课程,制定了 6 门学徒制核心课课程标准。

图 1-1　校企联合制定人才培养方案

4. 推行双导师制，校企互评互聘

校企共同制定师傅选拔标准，北京财贸职业学院与北京安信捷达物流有限公司联合发布《北京财贸职业学院物流管理专业现代学徒制企业师傅选拔标准与管理规定》，联合制定了校企双导师的选拔与培养、考核与激励制度。通过校企共同遴选，确定经验丰富的优秀员工和能工巧匠担任企业师傅，负责岗位实践指导，遴选项目经理以上的行业专家作为企业导师，负责学徒岗位技能传授。企业同步建立担任学徒制师傅的绩效考核制度，将教授学徒过程与师傅奖金激励结合。学校在企业挂牌设立教师流动工作站，选派专业教师作为校内导师，负责理论课程的内容传授。教师到学徒制企业挂职锻炼，参与解决实际问题的研究，开展校企联合课题研究，提高教师实践教学能力，建设"专兼结合、校企互评互聘"的"双师型"优秀教师团队。

5. 校企共建保障机制，成本共担，保证学徒制实施效果

自实施现代学徒制模式以来，不断完善协议类、制度类、职责类、考核类、方案类等 5 类文件，确保学徒制的有效实施。比如学校与企业、学生的三方协议、考核方案等。校企建立了成本共担机制，校企双方共建学习场所，践行双主体育人。在质量、成本与收益之间尽可能平衡，调动企业参与到职业教育育人环节的积极性，从而达到共享共赢的效果。

现代学徒制的实践构建了现代学徒制校企双主体育人的人才培养模式。通过建立政府、行业、学校、企业"四元协同管理机制",学校、企业双主体育人,双导师培养,交互训教;通过多岗位学习与锻炼,学生快速融入企业文化,实现了岗位培养,岗位成才,提高学生的就业竞争力和学习能力。北京财贸职业学院商学院物流管理专业实施现代学徒制模式的经验,为专业群的其他专业提供了借鉴,并尝试将现代学徒制的典型做法逐步推广应用到商学院其他专业,目前已推广到连锁经营管理、市场营销、工商企业管理和电子商务等专业进行尝试。企业岗位培养场景如图1-2所示。

图 1-2 企业岗位培养场景

(三)实践现代学徒制双主体育人模式的建议

笔者通过访谈、调研与实践,从企业、学校、学生的角度,针对遇到的问题,提出以下几点建议。

1. 企业层面

(1)学生参与企业的岗位训练,企业要为学生承担相应的保险和费用。从效益的角度讲,短期内学生并不能创造效益,对企业来说增加了成本;对于保险来说,企业只能为学生上雇主责任险,因为学生不是正式员工,不能上工伤险。

(2)企业有做教育的情怀,希望在与高职院校校企合作时从政策层面得到支持,激励企业参与职业教育。例如,适当的税收减免和优惠。

(3)希望产教融合型企业的申请范围扩大,放宽目录限制,使更多的企业加入，调动企业积极性。

2. 学生层面

（1）学生们想学到真技术，为将来找到好工作打下扎实的基础。

（2）学生们希望通过岗位训练传承技艺，发扬工匠精神。

（3）在企业学习完成后期望得到相应的技能证书，即毕业时得到毕业证书和相应的技能证书。

3. 学校层面

（1）双主体育人角度。企业是现代学徒制推行中的一个主体，但企业没有法定责任，从国家层面，应赋予企业教育的职能；同时，对于参与学徒制的企业、对职业教育作出贡献的企业应当优先认定为产教融合型企业，给企业以税收上的优惠，提高企业参与人才培养的积极性，建议将一部分税费（例如教育费附加）适度返还给企业，用于设立"校企合作基金"等，明确资金用途（即企业与学校开展职业教育育人合作）。

（2）招生招工一体化方面。"招生即招工"是现代学徒制的主要特征之一，但实施起来有一定难度，目前开展的是"先招生后招工"的模式。以学校为主导，导致学生对学徒身份认识不深刻，企业对学生的学徒身份认识不到位，待遇不能等同于正式员工。破解学徒制试点实践中的问题，应进一步淡化学徒制中这一要求给企业和学生带来的掣肘，探索建立适合我国国情的现代学徒制模式。

（3）双导师团队方面。学校老师到企业了解实际情况，进行培训、理论讲解；企业师傅在承担教师的职责方面处于起步阶段，师傅们教学能力有待培养。

（4）职业教育的吸引力不够，导致优秀的企业没有动力。社会上还存在对学生成为一名员工的身份不认可的情况，导致对于长时间的企业学习家长不认同，学生认识不到位，需加强引导。职业教育招生只能在本科招生后进行，我们应当明确职业教育的地位和重要性，"职教20条"第一句就提到，"职业教育与普通教育是两种不同的教育类型，具有同等重要地位"，它明确了职业教育的地位。从根本上解决问题，才能得到企业的认同。同时建议从国家层面建立学徒制的教学标准。

教育部、财政部发布《关于实施中国特色高水平高职学校和专业建设计划的意见》中，关于提升校企合作水平，提到"施行学校、企业联合培养、进行双主体育人的中国特色现代学徒制"。同样，教育部办公厅印发的《关于全面推进现代学徒制工作的通知》，标志着中国特色现代学徒制从试点、总结、完善进入到全面推广的新阶段。只要找到了路，就不怕路远。建设有中国特色的现代学徒制模式，我们任重道远。

二、财经商贸类高职院校开展现代学徒制比较研究

[摘要]产教融合视域下，财经商贸类高职院校开展的现代学徒制有助于深化财经类院校产教融合与校企合作，是完善现代职业教育体系建设的战略逻辑。本章从宏观体制机制、中观模式实施、微观课程体系重构三个层面比较研究财经商贸类高职院校开展现代学徒制情况，提炼升华具有中国特色的财经商贸类高职现代学徒制理论与实践，为推进职业教育内涵建设与完善职业教育体系，服务区域经济转型升级、产业布局与服务区域经济高质量发展提供参考。

[关键词]财经商贸类 高职院校 现代学徒制 比较研究

产教融合视域下，财经商贸类高职院校在服务区域经济转型升级与服务区域高质量发展、服务区域产业布局肩负着时代的责任与使命。在职业教育推进内涵建设与完善职业教育体系的历史进程中，财经商贸类高职院校开展的现代学徒制作为一种横跨相关产业、教育、人力资源管理等多个领域的技术技能人才培养制度，是深化产教融合与校企合作的制度实施路径与趋势，是完善现代职业教育体系建设的战略逻辑。

2015年8月以来，在教育部公布的三批409所试点高职院校中，财经商贸类高职院校第一批有6所（含综合类山东商业职业技术学院），第二批有19所，第三批有21所，共计46所，占比11%，明细详见表1-1。

表1-1 教育部现代学徒制试点财经商贸类高职院校明细表

序号	院校名称	试点批次	教育部现代学徒制试点专业
1	北京财贸职业学院	第一批	金融管理（民生银行订单班）、物流管理
2	山东商业职业技术学院	第一批	旅游管理、物流管理、商务英语、医药营销、烹饪工艺与营养、机电一体化技术
3	浙江商业职业技术学院	第一批	连锁经营管理、物美课长班、电子商务专业、百诚家电顾问班
4	无锡商业职业技术学院	第一批	1～15个专业、合作企业21家、学徒48～1427名

续表

序号	院校名称	试点批次	教育部现代学徒制试点专业
5	内蒙古商贸职业学院	第一批	酒店管理、连锁经营管理、食品加工技术、动漫制作技术
6	上海旅游高等专科学校	第一批	烹饪（调）工艺与营养
7	海南经贸职业技术学院	第二批	旅游管理、汽车检测与维修技术、数字媒体应用技术、投资与理财
8	安徽商贸职业技术学院	第二批	电子商务
9	重庆工商职业学院	第二批	广播影视制作、数字媒体艺术设计、建筑室内设计
10	宁夏财经职业技术学院	第二批	会计、应用英语
11	宁夏工商职业技术学院	第二批	烹调工艺与营养、机电一体化技术、宝玉石鉴定与加工、汽车运用与维修技术
12	广西工商职业技术学院	第二批	酒店管理、会计、粮油储藏与检测技术
13	广西经贸职业技术学院	第二批	酒店管理、烹调工艺与营养
14	湖南现代物流职业技术学院	第二批	物流工程技术、物流管理
15	江西工业贸易职业技术学院	第二批	物联网应用技术
16	徽商职业学院	第二批	物流管理
17	安徽国际商务职业学院	第二批	连锁经营管理
18	安徽工商职业学院	第二批	物流管理
19	浙江旅游职业学院	第二批	烹调工艺与营养、酒店管理、休闲服务与管理
20	浙江工贸职业技术学院	第二批	物流管理、工业机器人技术、软件技术、鞋类设计与工艺
21	辽宁金融职业学院	第二批	会计
22	山西华澳商贸职业学院	第二批	电子商务
23	石家庄财经职业学院	第二批	会计、汽车检测与维修技术、工商企业管理
24	天津商务职业学院	第二批	软件技术、报关与国际货运、国际贸易实务
25	长春金融高等专业学校	第二批	金融管理、会计、计算机网络技术、物流管理
26	江苏经贸职业技术学院	第三批	制冷与空调技术
27	北京经济管理职业学院	第三批	机电一体化技术、应用电子技术（大数据运维）、宝玉石鉴定与加工
28	河北对外经贸职业学院	第三批	广播影视节目制作、休闲体育（马术）、国际贸易实务

序号	院校名称	试点批次	教育部现代学徒制试点专业
29	山西财贸职业技术学院	第三批	制冷与空调技术、环境与艺术设计
30	山西经贸职业学院	第三批	数控设备应用与维护、物流管理、土木工程检测技术
31	辽宁经济职业技术学院	第三批	物流管理
32	辽宁现代服务职业技术学院	第三批	烹调工艺与营养
33	吉林电子信息职业技术学院	第三批	焊接技术与自动化、移动通信技术、工业机器人技术、酒店管理
34	安徽财贸职业学院	第三批	连锁经营管理、房地产经营与管理、农村金融、财务管理
35	江西财经职业学院	第三批	酒店管理
36	江西旅游商贸职业学院	第三批	物流管理、汽车检测与维修、连锁经营管理
37	江西外语外贸职业学院	第三批	市场营销、电子商务
38	山东商务职业学院	第三批	粮食工程技术、国际经济与贸易
39	河南经贸职业学院	第三批	资产评估与管理、会计（电算化）、市场营销、物业管理、商务英语、数字媒体应用技术
40	广东工贸职业技术学院	第三批	工程测量技术、信息安全与管理
41	广东科贸职业学院	第三批	畜牧兽医、连锁经营管理
42	广州科技贸易职业学院	第三批	电子信息工程技术、电气自动化技术
43	深圳信息职业技术学院	第三批	数字媒体艺术设计、软件技术、机械设计与制造、会计
44	重庆财经职业学院	第三批	市场营销、物流管理、投资与理财
45	成都工贸职业技术学院	第三批	数控技术、电气自动化技术、电子商务
46	四川财经职业学院	第三批	会计

作为高职领域研究热点，财经商贸类高职院校现代学徒制的开展处于研究与探索实施的初级阶段。不同于工科类现代学徒制，财经商贸类现代学徒制有其自身的规律和特点，我们有必要对 2015 年以来财经商贸类高职院校开展现代学徒制的现状加以研究，以便将来更好地实施财经商贸类现代学徒制。

（一）开展财经商贸类高职院校现代学徒制试点比较研究的意义

（1）有利于职业教育供给侧结构性改革的深化与创新。在经济新常态下提出供给侧结构性改革是国家的重大战略部署和创新。在推进职业教育供给侧结构性改革背景下，财经商贸类高职院校开展现代学徒制，探索与发挥具有中国特色的现代学徒制制度优势，深化产教融合与校企合作，有利于供给侧结构性改革、区域经济转型升级与产业布局，有利于缓解就业结构性矛盾，扩大优质职教资源和产品的供给，提升职业教育供给质量，满足转型升级对技术技能型人才的需求，为高质量经济发展提供人力与智力支撑。

（2）有利于校企合作深度融合，充分发挥现代学徒制融通作用。在国家高水平高校建设及高水平专业群建设进程中，充分发挥现代学徒制融通作用，可以解决专业布局与经济转型升级产业结构对接与契合；充分发挥现代学徒制融通作用，可以解决企业用工荒、学生就业等问题，促进人才培养与企业需求对接，真正实现校企合作深度融合。

（3）有利于促进完善职业教育体系构建，服务经济高质量发展。作为财经商贸类高职院校，现代学徒制作为职业教育校企合作与融合的制度特点之一，宏观层面促进财经商贸类现代学徒制机制体系的构建与完善，中观层面深入探索与实践具有现代学徒制特点的职业教育管理制度构建，微观层面以具有现代学徒制特色的课程体系重构为切入点，有利于促进现代职业教育体系的构建与进一步完善。

（4）有利于探索财经商贸类高职院校现代学徒制实施与教学运行管理规律，总结经验，提炼升华具有中国特色的现代学徒制理论。现代学徒制在国内处于探索起步阶段，财经商贸类有别于工科类教育，探索财经商贸类高职院校的特点和现代学徒制实施与教学运行管理规律，有助于提炼升华现代学徒制理论，更好地指导现代学徒制探索实践，引领创新具有中国特色的财经商贸类现代学徒制的开展。

（5）有利于创新引领具有中国特色的现代学徒制高职教育教学改革的深化与转化。有利于开发具有中国特色的现代学徒制高职教育教学资源，有利于促进具有中国特色的现代学徒制高职教育课程开发与教育教学改革，有利于创新引领具有中国特色现代学徒制的教育、教学、科研成果的转化，有利于创新引领高职教育"产学研"特色的教育教学改革深化。

（二）财经商贸类高职院校开展现代学徒制现状比较研究

中国知网"现代学徒制体制机制"关键词检索出 175 条结果。教育部在 2015 年开启第一批现代学徒制试点，重点是"校企双主体育人、学校教师和企业师傅双导师教学"为核心的内涵建设。教育部 2018 年开启的第二批现代学徒制试点，重点是以"完善校企联合招生、共同培养、多方参与评价的双主体育人机制，探索人才培养成本分担机制"为核心的机制体制建设。教育部第一批与第二批试点高职院校共计 253 所，在院校层面开展的着力点为"积极推进招生与招工一体化""深化工学结合人才培养模式改革""加强专兼结合师资队伍建设""形成与现代学徒制相适应的教学管理与运行机制"四个要素。2019 年，教育部现代学徒制第三批试点工作方案在前期方案基础上，从试点目标、试点内容、试点形式及组织实施等 17 处进行了修改完善。从公布的试点院校及专业整体与宏观角度看，财经商贸类高职院校专业占比小，属于关键少数。整体上，财经商贸类高职院校现代学徒制从数量规模情况、校企共育机制、招生招工模式、师资队伍建设、管理运行方式等五个方面进行了探索。

国内的现代学徒制研究与实施现处于探索阶段，呈现特点为：

（1）小范围、小规模开展现代学徒制：专业范围小，学生人数少。

（2）专业与行业、产业对接：教育部第一批试点财经商贸类高职院校涉及旅游管理、物流管理、商务英语、金融管理、医药营销、烹饪工艺与营养、连锁经营管理、食品加工技术、机电一体化技术、酒店管理、动漫制作技术等 11 个专业均对接相应行业、产业。

（三）宏观体制机制探索对比研究

从 2014 年现代学徒制政策公布至 2018 年教育部第二批试点公布，现代学徒制着力点是"完善校企联合招生、共同培养、多方参与评价的双主体育人机制，探索人才培养成本分担机制"，实现专业设置与企业生产对接、学校发展与地方经济发展对接、人才培养与市场需求对接。笔者精选京津冀、长三角、粤港澳大湾区等经济区域的财经商贸类高职院校宏观体制机制探索，并进行了对比，对比结果详见表 1-2。

表 1-2 财经商贸类高职院校现代学徒制体制机制开展情况比较表

序号	院校名称	批次	机制					
			招生招工机制	双导师制度	教学管理运行机制	评价机制	校企双主体育人机制	各类制度建设
1	北京财贸职业学院	教育部第一批试点	"先招生、再招工"与"招生招工一体化"两种方式	出台制定《现代学徒制"双导师"教学管理办法（试行)》	工学交替、理实一体	引入第三方机构，建立综合评价机制；建立多元质量监控机制	成立领导小组，加强组织保障力度。签订现代学徒制人才培养合作协议，明晰校企职责分工。探索成本分担机制	制定项目资金管理制度；制定现代学徒制教学管理办法、学分管理及弹性学制管理办法；制定校企合作开发管理办法，修订完善专业教学标准和人才培养方案
2	无锡商业职业技术学院	教育部第一批试点	采取"三线并进"的招生一体化机制：三种方式，先招生再招工、先招工再招生对口单招联合招生。"一企一校"与"多企一校"	导师双向互兼互聘，共组现代学徒制教学团队	工学交替分段培养、共管现代学徒制育人全过程		推行"1+X"职业资格证书制度，共建学校职业教育与职业资格证书体系、企业培训体系的有机融合	逐步形成从联合招生、成本分担、资源共享到共建共管、协同育人、评价考核链条完成的现代学徒制培养制度体系
3	浙江商业职业技术学院	教育部第一批试点	先招生、再招工；探索分层分类培养	选拔企业主管担任师傅型教师，建设校企互聘共用的师资队伍	校企共同研究制定人才培养方案和实施项目课程教学体系		校企双主体合作育人长效机制	建立现代学徒制管理制度，构筑项目运行的长效机制
4	海南经贸职业技术学院	教育部第二批试点	校企联合招生，定向培养	双导师制，校企互聘共用	校企共同完善现代学徒制教学管理制度	校企共同实施现代学徒制人才培养模式的质量监控与考核评价	完善双主体校企协同育人机制	校企共同完善现代学徒制管理制度26个，建立标准12个
5	江苏经贸职业技术学院	教育部第三批试点	招生招工一体化建设进行中	修订《江苏经贸职业技术学院现代学徒制学校导师选聘、评价、考核标准》《现代学徒制企业师傅选聘、评价、考核标准》	完善《现代学徒制人才培养模式运行实施细则（试行)》	创建了现代学徒制试点专业建设和学徒日常教学管理的质量评价运行机制。制定了"七环节螺旋自查自纠法"	校企双主体育人机制建设与完善进行中	具有现代学徒制特点的管理制度建正在建设完善、修订中

续表

序号	院校名称	批次	机制					
			招生招工机制	双导师制度	教学管理运行机制	评价机制	校企双主体育人机制	各类制度建设
6	安徽商贸职业技术学院	教育部第二批试点	先招生再招工，校企共同制定招工招生标准、制度、会议制度	构建"双导师"制，实施校企互聘共用、专兼结合。制定师傅选拔标准、考核办法，形成校企互聘共用共管机制，建立企业教师工作站	建立健全与现代学徒制相适应的教学管理制度	建立试点电子商务专业人才培养质量评价和质量保障体系	校企共建"松鼠新商业学院"，实现双主体学徒培养管理机制，形成校企联合开展新商科现代学徒制的长效机制	建立健全新商科现代学徒制的管理制度

全国教育部三批 409 所现代学徒制试点高职院校与财经商贸类高职院校均呈现"先招生后招工"约占比 70%，其次采取"招生招工同步进行"方案，"先招工后招生"采用比例最低的现状。有些高校采取以上三种方式分专业依次推进或同时采用三种方式推进，如山东商业职业技术学院在招生招工体制机制探索上，国家、省、校三级招生招工一体化机制体系初步建立，实现了先招生再招工、招生与招工同步、先招工再招生三种方式并行的多元招生体制机制。

浙江商业职业技术学院初步构建校企双主体合作育人长效机制，在校企联合招生、联合招工、联合培养方面进行了有益探索，该校电子商务学院与浙江百诚网络科技发展有限公司针对"百诚家电顾问班"的实际情况，联合研究制定了《招生招工一体化管理暂行规定》《学校教师绩效考核暂行规定》《企业师傅绩效考核暂行规定》《学生评价考核暂行规定》《学生薪酬管理暂行规定》等 5 项暂行规定，为浙江百诚网络科技有限公司培养了一批能独立主持网店运营与管理的高技能复合型人才，带动了电子商务专业职业发展和人才培养质量稳步提升，开拓了"人才倍增、业绩倍涨"的企业持续发展新局面，实现了校企双赢，如图 1-3 所示。

广东省地处国家经济改革开放的最前沿，政策导向与体制机制呈现开放、灵活的特点，广东清远职业技术学院作为全国首批现代学徒制试点高校，现代学徒制开展的规模、深度、广度均领跑全国。广州番禺职业技术学院明确制定《广州番禺职业技术学院现代学徒制教学运行管理办法（试行）》，有效推进一体化招工与招生，为构建中高职衔接的人才培养体系提供了招生机制保障。

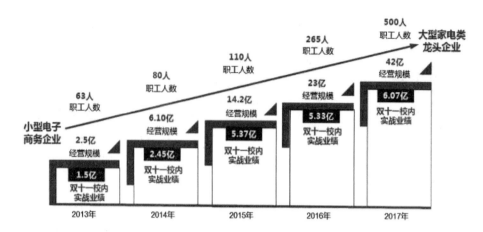

图 1-3 浙江商业职业技术学院现代学徒制合作企业的发展态势示意图[①]

教学场所、教学师资的多元性以及教学质量的高质量要求是"教学评"的三个决定要素。它体现在各类准入与评价标准的建立、执行过程的规定、课程框架的建立等方面。北京财贸职业学院以提升教学质量为切入点，探索引入了现代学徒制第三方多元评价机制，为现代学徒制实施质量提供了评价机制保障。

现代学徒制体制机制在不同层面存在问题：

（1）国家政策层面。在国家立法层面与地方性法规层面，学徒制试点的制度保障都不完善，现代学徒制人才培养分担机制、利益保障机制的法律法规、规章制度保障滞后，政府主导构建政府、职业院校、行业协会、企业四方协同的现代学徒制人才培养体制机制的作用发挥不够。《中华人民共和国企业所得税法》第九条规定，企业发生的公益性捐赠支出，在年度利润总额 12% 以内的部分，准予在计算应纳税所得额时扣除。现代学徒制具有公益性，理应对其进行免税优惠，但在实际操作过程中，从国家到地方政策衔接落地不够，执行力度不够。

（2）行业层面。构建行业协会参与职业教育的体制机制，开拓行业协会参与职业教育的路径，激活并加强行业协会的指导性，为行业标准、企业标准、岗位标准、课程标准构建与融通发挥桥梁作用。

（3）企业层面。财经商贸类专业，金融管理、会计等专业与合作的企业具有经济涉密的特点，导致了企业参与"冷"，高职院校"剃头挑子一头热"。而

① 来源：现代学徒制试点工作管理平台。

电子商务、物流专业在经济转型升级及电商行业、物流行业蓬勃发展的环境下，现代学徒制开展情况相对乐观，但校企合作的体制机制仍处于探索、完善、待细化阶段。

（4）学校层面。自 2015 年现代学徒制在全国试点铺开以来，财经商贸类高职院校按规定制定出台了相应的双主体育人、双导师管理办法和多方参与评价管理办法，现状则是更多地停留在任务书的字面上，职责虚化，在具体实施上仍处于探索阶段。具有现代学徒制特色的教学计划、课程体系、教材编写、实训室管理等教学改革、教学管理运行机制完善亟待加快步伐，以支撑现代学徒制的实施与实行。

（四）中观培养模式理论与实践探索对比研究

1999 年 11 月，时任教育部高教司司长钟秉林在全国第一次高职高专教学工作会议讲话中首次对"人才培养模式"进行了概念界定："人才培养模式是学校为学生构建的知识、能力和素质结构，以及实现这种结构的方式。"《教育部关于开展现代学徒制试点工作的意见》（教职成〔2014〕9 号）等政策文件中，明确把推动职业教育校企合作、联合培养的现代学徒制人才培养模式作为职业教育的主攻方向。雷成良在《职业教育现代学徒制人才培养模式研究》中将人才培养模式定义为："在一定教育思想和理念的指导下，根据特定的培养目标和规格，以相对稳定的课程体系和教学内容为依托，不同类型和层次专业人才的教育和教学模式、管理制度、评估方式及其实施过程的总和。"2019 年《教育部办公厅关于全面推进现代学徒制工作的通知》标志着现代学徒制进入全面推广与深化实施阶段，再次强调要坚持知行合一、工学结合。

自 2017 年年底到 2021 年 1 月，在中国知网上用"现代学徒制模式"作为关键词检索出 4847 条结果。"现代学徒制模式"研究自 2013 年起就有文献记载，2019 年"现代学徒制模式"研究达到峰值，如图 1-4 所示。在近些年高职教育领域现代学徒制"理论探索—实践探索—理论研究—指导实践"循环链条中，以中观层面的"现代学徒制模式与实践研究"理论研究为主导，为未来 15 年职业教育体系完善提供了有力的实践探索与理论研究基础。

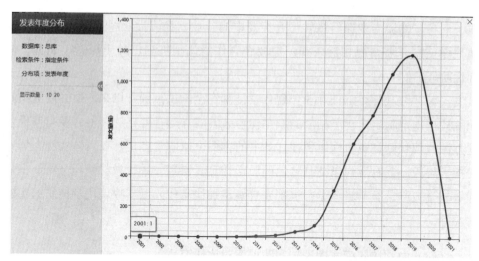

图1-4 "现代学徒制模式"关键词检索年度发表趋势[①]

对现代学徒制人才培养模式进行专门研究21世纪以来尤其是近几年的事,可查文献资料共计百余篇。通过归类整理,这些文献资料主要分为两大版块、两个层次、三个层面。

（1）两大版块:理论建构与实践探索。胡秀锦（2009）通过比较现代学徒制与传统学徒制的差异,借鉴国外现代学徒制主要的人才培养模式,构建了我国现代学徒制人才培养模式的简略模型;徐金林等人从当前我国职业教育校企合作的现状与问题出发,分析了建立现代学徒制理论模式的依据,并构建了以学生为中心的现代学徒制人才培养模式。郭全洲等人分析了实施中国特色现代学徒制的客观基础,构建了中国特色现代学徒制"个人－学校－行业－企业"四位一体的人才培养模式基本框架,并阐述了其运行机制。黄日强等人分析了中国特色职业教育现代学徒制的主要模式和基本特征,运用利益相关者理论分析了不同主体的利益诉求及其应承担的责任,并提出建立以行业为主导模式的建议。李梦卿等人从传统的技工学校教育、半工半读教育、校企合作教育梳理了我国现代学徒制本土化发展的历史脉络,并对现代学徒制在我国的本土化实践提出了多方面策略建议。

（2）两个层次:中职教育与高职教育。周武杰、张艳、黄镜秋、伊逊智等人从现代学徒制的特征与主体关系、西方现代学徒制的启示、中职学校的具体实践和现实问题等角度出发,对我国中职学校实施现代学徒制进行了有益探索。鲁婉

---

① 根据中国知网查询结果绘制。

玉、谢俊华、陈宏图、谢淑润、鲁叶滔、吴建设等通过分析我国高职人才培养在办学理念、师资力量、资源结构、质量评估等方面的问题与不足，借鉴英国、澳大利亚、德国、瑞士等国开展现代学徒制的先进经验，以解决我国高职现代学徒制人才培养模式实施过程中的教育模式选择、学生（学徒）身份定位、课程体系构建、"双师"机制建立以及评价评估方式选择和落实等问题。

（3）三个层面：地区与政府层面、院校与企业层面、专业与行业层面。《中国特色现代学徒制人才培养模式研究——河北省发展现代学徒制职业教育模式的框架及实施对策》一文通过分析河北省职业教育"工学结合"存在的问题，从培养目标、培养内容、培养方式和质量评价体系四个方面构建了河北省发展中国特色现代学徒制职业教育模式的框架，并提出了实施对策。《现代学徒制对企业高技能人才培养的启示——基于浙江省"双元制"改革试点的分析》从分析浙江省"双元制"改革试点的做法和成效入手，重新审视了现代学徒制的特点及其核心价值观念，通过对现代学徒制的学习和应用，解决了企业在高技能人才培养中的问题。《江西省新余市：实施现代学徒制 创新人才培养模式》对 2011 年新余市开展现代学徒制试点以来的综合发展情况进行了总结概括，归纳了"新余模式"的主要特点和创新性。《具有广东特色的"234 现代学徒制"人才培养模式改革探索——以广东科贸职业学院秘书专业为例》以广东区域经济发展的特点和趋势为依托，把高职高专的培养目标和文秘专业的人才培养目标、特点关联起来，借鉴国际上成熟的现代学徒制先进经验，提出具有广东特色的"234 现代学徒制"人才培养模式的基本框架，并重点以广东科贸职业学院秘书专业为例，从课程体系、实践体系、师资建设、运行管理保障制度等方面对"234 现代学徒制"人才培养模式进行了具体而深入的分析。

黄汝群、单艳芬、廖慧林、王俊美、赵有生等研究者分别以特定的高职院校为例，分析了各自在与企业合作中的本土实践与特色发展，"互动融合式""校中厂平台""宝玛班"等形式丰富和创新的现代学徒制人才培养模式，为其他院校提供了有益借鉴。

专业与行业层面的现代学徒制人才培养模式研究较多，已有研究涉及的专业多达 30 多类，如物流管理专业、艺术设计专业、计算机仿真专业、数控技术专业、酒店管理专业、旅游管理专业等，其中以物流管理专业和艺术设计专业研究数量最多。2015 年 7 月，朱琴在《教育与职业》中论述了高职人物形象设计专业"岗课证"融通课程体系的构建，2018 年 7 月，哈尔滨职业技术学院王天成、赵光楠、李昂、张志伟在黑龙江生态工程职业学院学报论述了高职院校现代学徒制人才培养模式的重构。

鼓励行业企业全面参与职业教育人才培养过程，全程进行"工学交替""理实一体化的培养模式"是现代学徒制的典型特征。实现专业设置与产业需求相对接、课程内容与职业标准相对接、教学过程与生产过程相对接、毕业证书与职业资格证书相对接、职业教育与终身学习相对接的"五对接"是现代学徒制培养模式实施的具体指标体现。

赵鹏飞在广东清远职业技术学院从企业的特点与需求出发探索现代学徒制人才培养模式，探索实践的论述是：人才培养模式选择的根据是产业结构，选择实现方式与途径的依据是专业性质与企业需求。王健、李宇红详述了北京财贸职业学院财经类专业现代学徒制培养问题的探索过程。李政在《职业教育现代学徒制的价值研究——知识论视角》博士学位论文中论述：职业教育现代学徒制人才培养模式具有多元主体参与、多种情境过渡、双身份多导师、工学交替运作（现代学徒制是以工作本位学习为主的人才培养模式）、周期灵活设计、教学评结构化等特点。国外现代学徒制育人主体对比见表 1-3。

表 1-3　国外现代学徒制育人主体对比

序号	国家	育人主体
1	瑞士	职业学校、企业、职教中心、专业组织、政府
2	英国	培训机构、雇主、政府中介、服务机构
3	澳大利亚	行业、企业、政府、TAFE 学院、服务中心
4	德国	联邦与州政府、行业协会、企业、培训中心、学校
5	美国	雇主、社区学院、州立学徒制事务局、一站式就业指导中心

无锡商业职业技术学院于 2013 年作为全国商贸类院校的唯一代表，承担了教育部"职业教育现代学徒制的探索实践——高职连锁经营管理专业"现代学徒制探索专项工作，2015 年入选教育部首批现代学徒制试点单位。现代学徒制探索实践截至 2018 年 8 月，该学院已有 15 个专业，合作企业 21 家，培养学徒 1427 名，专业数量、合作企业数量、学徒数量在商贸类高职院校居首位。该学院建立了基于职教集团的商贸类专业现代学徒制人才培养"五定"（定主体、定协议、定要素、

定权益、定流程），具有行业特色、企业风格的协同育人新模式，基于商贸人才培养规律和合作企业特点探索出以岗位能力培养为重点的渐进式需求导向型现代学徒制教学组织模式，如图 1-5 所示。

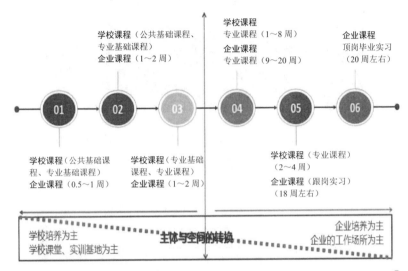

图 1-5　无锡商业职业技术学院商贸类专业现代学徒制渐进式教学组织模式①

安徽商贸职业技术学院作为教育部现代学徒制第二批试点财经商贸类高职院校，选取了与相关产业、行业契合度高的电子商务专业作为试点，与三只松鼠股份有限公司进行校企合作，探索"松鼠新商业学院"办学新模式，实施了"宽基础、分岗位、层进式"电子商务专业人才培养模式，把握了现代学徒制特色模式过程性的特点，分层、分类对标了岗位目标，重点把握了分层、分阶段、分级，如图 1-6 所示。

山东商业职业技术学院物流管理专业作为教育部现代学徒制试点专业，探索实施了"四阶段、进阶式"（学生－准学徒－实习学徒－学徒）人才培养模式，如图 1-7 所示。山东商业职业技术学院旅游管理专业（教育部第一批试点）构建了"2222"现代学徒制人才培养模式（两份协议、两套方案、两套标准、两支队伍）。

---

① 来源：现代学徒制试点工作管理平台。

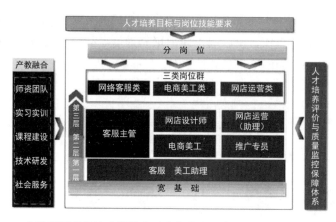

图 1-6　安徽商贸职业技术学院电子商务专业"宽基础、分岗位、层进式"现代学徒制人才培养模式示意图①

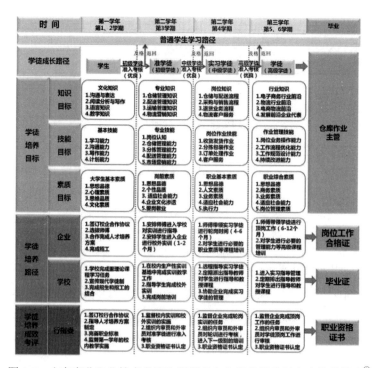

图 1-7　山东商业职业技术学院物流管理专业现代学徒制人才培养模式②

---

① 来源：现代学徒制试点工作管理平台。
② 来源：现代学徒制试点工作管理平台。

浙江商业职业技术学院连锁经营管理专业"物美课长班"探索构建了基于现代学徒制的"实操代教、岗位轮替、能力递升"人才培养模式，如图1-8所示。

图1-8　浙江商业职业技术学院连锁经营管理专业"物美课长班"现代学徒制
"实操代教、岗位轮替、能力递升"人才培养模式[①]

北京财贸职业学院金融管理专业（民生银行订单班）开展"三二三三"现代学徒制人才培养模式，进行了有效探索。物流管理与金融管理试点专业分别与合作企业成立了由学校二级学院院长和合作企业负责人牵头的工作专班，并制定了《现代学徒制试点项目管理细则》，具体落实现代学徒制试点项目实施工作。

物流管理专业与合作企业签订《现代学徒制人才培养合作协议》，金融管理专业与合作企业签订《现代学徒制三方协议》。合作协议中明确了双方在育人过程中的合作方式与工作分工、人才培养成本分担、权益与责任，建立了校企联合招生招工、共同培养、协同育人的长效机制，保证了现代学徒制试点工作的顺利实施。

校企双方在合作协议中共同约定了现代学徒制试点班岗位成才、工学交替、交互训教的培养模式，确定了人才培养成本分担的具体细则，规定了现代学徒制学生学徒在岗位培养期间的薪酬待遇，以及为现代学徒制试点班学生学徒在企业岗位学习期间购买雇主责任保险等事项。

金融管理专业与金融中介机构人银金融信息服务（北京）有限公司签订了三

[①] 来源：现代学徒制试点工作管理平台。

方合作协议，为了保障现代学徒制培养任务的实现和学徒权益，通过与各个合作银行协商，在三方合作协议基础上，补充了与银行企业进行学徒培养的背书，创建了现代学徒制"1+1+N"的合作模式。在合作银行提供的背书中，合作银行承诺按照现代学徒制的人才培养要求，坚持共同开发设计人才培养方案、共同遴选企业导师、共享共建学习场所等双主体育人机制，保障现代学徒制人才培养质量。

物流管理专业在人才培养过程中，坚持以"立德树人"为根本，全面实施素质培养；将企业文化融入专业、企业岗位标准融入课程，形成校企合作、各施所长、产教融合的"双元育人"环境，构建了"双元育人、四位一体"的校企协同育人模式。"四位一体"指四阶段、四岗位、五版块、六融合。四阶段指认岗、跟岗、轮岗、定岗四个阶段。四岗位指库房管理岗、客服岗、配送岗、综合岗。五版块指实施"感恩、爱心、诚信、责任、创新"的财贸素养教育。六融合指学校+企业双主体，学生+学徒双身份，校内实训基地+企业岗位学习基地双场所，学校导师+企业导师双导师，专业课程+职业标准双内容，企业导师的过程评价+第三方行业机构的结果评价的双考核。学徒获得职业能力证书，毕业考核取得毕业证书后成为企业员工。

金融管理专业在实施双主体育人的基础上，根据专业特色，构建"三二三三"现代学徒制人才培养模式。"三二"是指"双主体、双身份、双基地"。双主体即"学校+企业"组成育人主体，签订校企联合育人协议，学校+企业+学生三方学徒协议，形成双主体育人。双身份即"学生+学徒"身份，根据双身份要求建立专业教学标准、联合招生招工、师资选拔聘用、学徒选拔与待遇等实施方案。双基地即"教室+银行网点"组成学徒基地，由校企精选岗位、选拔企业师傅及校内教师，确定学徒学生轮岗、定岗办法。"三三"是指三导师、三评价、三证书。三导师即"教师+企业师傅+辅导员"，校企联合确定学徒岗位、身份、任务及待遇，辅导员加强学徒思想政治教育。三评价即"师傅+教师+辅导员"组成考核小组，校企联合确定课程项目及项目分工，辅导员负责学徒思想政治表现。三证书即"毕业证+行业资格证书+财贸素养证书"，作为顺利出师、学徒津贴定级、毕业待遇定级的依据。

教育部第二批试点中，海南经贸职业技术学院投资与理财专业探索构建校企"联合培养、协同育人"现代学徒制人才培养模式，宁夏财经职业技术学院会计专业实施了"校企对接、工学交替"教学组织形式等。财经商贸类高职院现代学徒制模式探索开展情况比较见表 1-4。

表 1-4　财经商贸类高职院校现代学徒制模式探索开展情况比较

序号	院校	批次	试点专业	创新模式
1	北京财贸职业学院	第一批	金融管理	民生银行订单班："三二三三"现代学徒制人才培养模式
			物流管理	构建了"双元育人、四位一体"的校企协同育人模式
2	山东商业职业技术学院	第一批	旅游管理	"2222"模式："两份协议""两套方案""两套标准""两支队伍"
			物流管理	"学生－准学徒－实习学徒－学徒"的"四阶段、进阶式"人才培养模式
			商务英语	"大平台+小前端"，促进教育链与产业链有机融合；合作企业：阿里巴巴
			医药营销	"0.5+1.5+0.5+0.5"工学交替的人才培养模式
			烹饪工艺与营养	"学生－学徒－准员工－员工"四位一体的人才培养模式；"0.5+0.1"工学交替现代学徒制人才培养模式；"三融三通三证书"；"多学期、四层递进、四位一体"工学交替人才培养体系
			机电一体化技术	双导师制管理模式"培养协同化、学习项目化、教学工厂化、共享无界化"
3	无锡商业职业技术学院	第一批	1～15个专业	基于职教集团的商贸类专业现代学徒人才培养"五定"协同育人模式："定主体、定协议、定要素、定权益、定流程"
4	浙江商业职业技术学院	第一批	连锁经营管理"物美课长班"	基于现代学徒制的"实操代教、岗位轮替、能力递升"人才培养模式
			电子商务"百诚家电顾问班"	"学生－准学徒－学徒－准员工－员工"五位一体模式
5	海南经贸职业技术学院	第二批	旅游管理	"学生－学徒－准员工－员工"四位一体"教学做合一"的人才培养模式
			汽车检测与维修技术	联合培养、协同育人的"双元制"人才培养模式改革
			数字媒体应用技术	"双元制"人才培养模式；改革建立"岗位与课程相融通，教学与实践一体化"的新一代信息技术人才培养模式；探索创建"学生－学徒－准员工－员工"四位一体人才培养模式
			投资与理财	校企"联合培养、协同育人"的现代学徒制人才培养模式

续表

序号	院校	批次	试点专业	创新模式
6	江苏经贸职业技术学院	第三批	制冷与空调技术	实施"3+3"工学交替人才培养"双主体育人"模式
7	清远职业技术学院	第一批	医疗美容技术	校企一体化育人为核心;"双元育人、双重身份,交互训教、工学交替,岗位培养、在岗成才"的理论,成为广东特色现代学徒制人才培养内涵建设的理论和实施指南
			机电一体化	校企一体化育人为核心;"双元育人、双重身份,交互训教、工学交替,岗位培养、在岗成才"的理论,成为广东特色现代学徒制人才培养内涵建设的理论和实施指南
8	广州番禺职业技术学院	第一批	市场营销(百果园)	明确了以"学生(学徒)"为人才培养定位,确立了以"企业岗位学习"为本位的校企双主体人才培养模式
			市场营销(绿叶居)	
			市场营销(珠海市丝域)	
			工商企业管理	
			市政工程技术	
			金融管理	
			皮具艺术设计	
			计算机应用技术	
9	安徽商贸职业技术学院	第二批	电子商务	"松鼠新商业学院"办学新模式:实施"宽基础、分岗位、层进式"电子商务专业人才培养模式
10	宁夏财经职业技术学院	第二批	会计	"校企对接、工学交替"的教学组织形式
			应用英语	

(五)微观课程体系构建比较研究

关键词"现代学徒制课程体系"在中国知网检索出 2562 条结果。现代学徒制自 2014 年政策公布,2015 年在全国试点铺开,历时 6～7 年,现代学徒制实施行动已从中观模式探索到微观深化,具体体现在具有现代学徒制特色的课程体系重构。财经商贸类高职院校在现代学徒制课程体系构建中采取了四种方式,包括学校主导行企参与、学校牵头行企制订、校企联合制定与学校独立开发，其中校企联合开发占比近90%。现代学徒制校企双主体育人特征在课程体系重构微观层面逐步深化。

刘琳琳在《现代学徒制人才培养模式实施现状及对策研究——以天津市三所试点高职院校为例》一文中对现代学徒制模式下课程体系构建进行了探析，该文提及的试点高职院校以物流管理专业的岗位标准、典型工作任务与职业能力为依据，以关键工作任务为教学内容，校企共同建构"专业基础课程+专业认知、基础技能课程+专业技能课程"的现代学徒制课程体系。

山东商业职业技术学院物流管理专业与合作企业联合构建"岗位能力进阶式"课程体系，校企共同构建了"以岗位工作任务为中心、以实践教学为主体、全程贯彻职业素养"的专业课程体系，按"课程实训、专业实训、综合实训和顶岗实习"四个层次构建递进式实践教学体系、体现了"三流合一"的商科实践教学体系特点，实现了招生招工一体化、育人主体双元化、校企交流常态化、考核评价多元化。

财经商贸类高职院校现代学徒制课程体系构建开展情况比较见表1-5。

表1-5　财经商贸类高职院校现代学徒制课程体系构建探索开展情况比较

序号	院校名称	批次	试点专业	课程体系构建
1	北京财贸职业学院	第一批	金融管理	"工学交替、理实一体"的教学模式
			物流管理	"工学交替、理实一体"的教学模式
2	山东商业职业技术学院	第一批	旅游管理	
			物流管理	校企双方构建了"岗位能力进阶式"课程体系：招生招工一体化、育人主体双元化、校企交流常态化、考核评价多元化。"以岗位工作任务为中心、以实践教学为主体、全程贯彻职业素养"的专业课程体系：专业平台课程、专业核心模块课程、专业方向模块设置方式。工作过程导向理念与物流行业特点相结合，职业活动领域能力标准与国家职业教育的要求及对学生可持续发展能力的要求相结合，以职业能力培养为主线，以工作任务为载体，以工作过程化知识为内容，建设优质核心课程与编写教材。根据职业岗位和岗位群的要求，按课程实训、专业实训、综合实训和顶岗实习四个层次构建递进式实践教学体系。体现"三流合一"的商科实践教学体系特点，将学生岗位训练与综合训练、实践训练和技能鉴定、专业模拟和专业实战有机结合，形成专

续表

序号	院校名称	批次	试点专业	课程体系构建
2	山东商业职业技术学院	第一批	物流管理	业核心能力和个人发展能力并进的局面，并将考证和实训课程相结合，完成职业资格证书和课程通过证书的结合
			商务英语	
			医药营销	
			烹饪工艺与营养	
			机电一体化技术	
3	无锡商业职业技术学院	第一批	1～15 个专业	
4	浙江商业职业技术学院	第一批	连锁经营管理物美课长班	基于现代学徒制的"实操代教、岗位递升、能力递增"模式，以岗位实操为核心，开发和实施项目教学体系。对接工作岗位职业能力要求，开发和制定项目核心课程标准
			电子商务百诚家电顾问班	构建了"因材施教、精准共享"的工学结合课程新体系、特征化现代学徒制专业课程体系。实现专业基础课程一体化+专业核心课程精准化+专业选修课程模块化+师徒教学项目实战化
5	海南经贸职业技术学院	第二批	旅游管理	校企共同梳理旅游业旅行管家服务知识、技能与职业素质，建设相应的课程体系
			汽车检测与维修技术	围绕人才培养目标、梳理岗位关键人物和核心职责、提炼出完成关键任务所需关键能力，依据关键能力匹配学习目标，继而架构基于现代学徒制的课程体系。课程体系建设以职业目标、专业目标和岗位目标为基准，将专业核心课程分成 20 个领域，以若干项目任务为驱动，进行理实一体化课程模块设置
			数字媒体应用技术	全方位构建"以岗位工作任务为中心、以实践教学为主体、全程贯彻职业素养"的专业课程体系
			投资与理财	
6	江苏经贸职业技术学院	第三批	制冷与空调技术	

序号	院校名称	批次	试点专业	课程体系构建
7	广州番禺职业技术学院	第一批		构建了将高等性、职业性和教育性有机融合的课程体系，开发《师傅手册》和《学员手册》，开发相应的主题微课资源，制定现代学徒制专业教学标准
8	安徽商贸职业技术学院	第二批	电子商务	以三类岗位群为主线，以岗位递进关系为层级，构建理实一体化的"分岗位、层进式"现代学徒制电子商务专业人才培养课程体系
9	宁夏职业技术学院	第二批	会计	
			应用英语	专业认知、基层岗位技能、职业素养拓展、岗位能力提升四个阶段分段课程

北京财贸职业学院构建"工学交替、理实一体"的教学模式。金融管理与物流管理两个试点专业，根据现代学徒岗位培养的要求，创新构建了能力递进、理实一体的教学模式。以培养学生应用能力为主线，以工学交替为手段，设计学校课程、校企课程和企业课程，贯穿财贸素养和职业能力养成，按照认岗、跟岗、轮岗、定岗的岗位成长规律，逐步完成学生、学徒、准员工、员工角色的转换。

物流管理专业，在第1、2学期，安排专业认知与文化课学习，第3学期安排企业参观和认岗学习，第4学期安排跟岗培养，第5学期安排轮岗培养，第6学期安排定岗培养。在认岗、跟岗、轮岗等阶段均安排企业课程、校企课程和企业课程共同完成。

金融管理专业，在第1、2学期，安排企业认知课程，在校内进行认岗学习；第3学期安排在企业学习综合岗位公文写作、银行业法律知识及综合能力提升等课程；第4、5学期是轮岗学习阶段，安排在企业学习银行大堂经理岗位实务、柜台业务操作与管理、个人理财岗位认知与管理、证券公司客户经理岗位实务、银行客户经理岗位实务等5门岗位培养课程（项目）；第6学期安排定岗培养，注重实践和可操作性。同时，学院开发相应课程，制定了7门学徒制课程标准。

北京财贸职业学院金融管理与物流管理两个试点专业建立教学标准体系，实施岗位培养。经过多次调研与研讨，试点专业根据培养岗位的工作职责、工作内容和技能要求，校企共同制定岗位技术标准。物流管理专业制定了库房管理员岗、配送岗、客服岗、综合岗的岗位技术标准，金融管理专业制定了银行客户经理、证券公司客户经理的岗位技术标准。

　　校企合作开发了基于岗位典型工作任务的学徒岗位课程及其课程标准。物流管理专业提炼出"配送运输计划制定"等 13 个典型工作任务并开发相应课程，完成了 6 门学徒制核心课程标准。金融管理专业提炼出"认同企业"等 130 个典型工作任务，并开发相应课程，完成了 6 门现代学徒制核心课程标准。在核心课程教学中，校企设计生产性任务工单，把实际的工作任务变为学习任务，通过训练学徒完成工单任务，逐步提高岗位能力；设计学徒手册，让学生记录工作任务和自检自查，培养职业能力和素质。

（六）从宏观、中观、微观三个层面构建中国特色的财经商贸类现代学徒制体系

　　校企合作是现代学徒制的前提，工学结合是现代学徒制的核心。财经商贸类高职院校在推进现代学徒制进程中，以"双高""特高"高水平建设高校与高水平专业群为契机，从试点小规模、小专业扩展到专业全覆盖，宏观机制注重专业布局与产业对接，加强资金多元投入，从中央到地方财政政策执行，支持逐步建立人力资本投资机制，满足区域经济转型升级需要，以服务区域经济高质量发展。从中央到地方，法律层面从制定到执行，学徒身份亟待解决，切实为学徒身份提供法律保障。优化"双导师"结构与引入第三方的多元评价机制保障亟待建立。中观模式探索，挖掘专业所在行业特点，注重现代学徒制过程性导向，深化改革创新技能型人才培养模式。微观"工学交替""理实一体化"课程体系构建，注重把握现代学徒制课程体系设计系统化特点，细化标准，是实现"五个对接"的关键。现代学徒制的推广、深入实施必将成为推进高职教育教学改革的制度载体，构建完善具有中国特色的财经商贸类现代学徒制体系任重道远。

三、现代学徒制利益均衡分析

　　[摘要]基于利益相关理论，本章首先明确了我国职业院校在现代学徒制试点工作中所涉及的利益相关主体，其次运用矩阵模型分析核心利益相关者的投入与收益，并以此为依据探索现代学徒制实施中出现利益不平衡和利益冲突的原因，最后提出为推进现代学徒制的顺利进行，贯彻产教融合、校企共育的方针，需要构建利益平衡机制，保障企业在现代学徒制中收支的平衡，实现现代学徒制中校企利益的平衡，解决现代学徒制中企业与学生的冲突。

[**关键词**]利益相关理论　现代学徒制　利益均衡机制

2014 年教育部出台了《关于开展现代学徒制试点工作的意见》，要求各试点单位以推进产教融合、适应需求、提高质量为目标，以创新招生制度、管理制度和人才培养模式为突破口，形成校企分工合作、协同育人、共同发展的现代学徒制人才培养模式。在教育部的指导下，探索现代学徒制人才培养模式的试点工作得到快速发展。但是，现代学徒制作为一种新型人才培养模式，在现代职业教育中糅合了传统的师傅带徒弟的模式，这样的结合由于缺乏理论研究，理论对实践指导性不强，直接导致各试点院校在实施过程中产生问题与困惑，因此，要推进现代学徒制，突破育人障碍，首先需要从理论上明确现代学徒制的主体构成，分析利益主体的实施动力、权力与责任，探索利益相关者在现代学徒制中的均衡机制，寻找利益均衡点。

（一）利益相关者理论及应用

1. 现代学徒制中利益相关者的构成

斯坦福大学研究所在 20 世纪 60 年代提出，在企业发展过程中，存在许多与企业发展相关的利益群体，利益相关者就是影响企业生存与发展的人。1984 年爱德华·弗里曼在其出版的《战略管理：利益相关者管理的分析方法》一书中提出，利益相关者是指可以影响组织目标达成或受目标达成影响的人或群体。根据弗里曼的理论，校企合作中的利益相关者就是能够影响校企合作效果的个人或群体，以及通过校企合作目标达成而获取利益的个人或群体。借助利益相关者理论，要分析现代学徒制实施的困境及其应对措施，首先需要界定现代学徒制中的利益相关者。在本文中，现代学徒制的利益相关者为政府、学校、企业、行业协会、学校教师、学生、企业导师、社会公众等，如图 1-9 所示。

2. 现代学徒制中利益相关者的分类

从发展与管理的角度来看，每一个企业都会存在很多的利益相关者。不同类型的利益相关者对企业经营管理的影响程度是不一样的，因此分类研究是十分必要的。弗里曼将所有权、经济依赖性和社会利益三个维度作为企业利益相关者的划分依据，然后分为三类：所有权利益相关者（股票持有人，包括董事会成员、经理人员等）；经济依赖性利益相关者（经济往来群体，包括员工、雇员、消费者、供应商、竞争者、地方社区等）；社会利益相关者（与公司在社会利益上有关系的利益相关者，包括政府机关、媒体等）。

图 1-9　现代学徒制利益相关者的构成

根据弗里曼的企业利益相关者的分类方法，现将现代学徒制的利益相关者也划分为三个层次，即核心层次，包括企业、学校和学生三个主体；重要层次，包括政府部门、行业协会等主体；支撑层次，包括学校教师、企业导师、公众等主体，如图 1-10 所示。

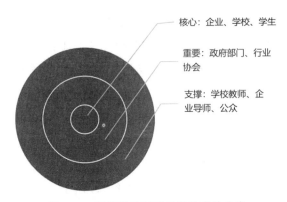

图 1-10　现代学徒制利益相关者的分类

（二）现代学徒制中利益相关者的投入与收益分析

根据弗里曼的利益相关者分析方法，建立现代学徒制利益相关者的投入与收益矩阵，此矩阵从投入与收益两个维度对现代学徒制中各利益相关者的付出与产出进行分析，由于政府、行业协会、公众的特殊地位，在此不纳入分析的行列，如图 1-11 所示。

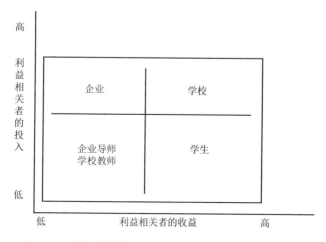

图 1-11　现代学徒制利益相关者的投入与收益矩阵

1. 高投入、低收益——企业

从利益相关者的投入来看，对于以追逐利润为目标的企业来说，其投入是比较高的，因为企业需要投入一定的人力、物力、财力全程参加：首先是为职业院校的人才培养提供建议，其次是提供实习实训的场地、设备，为学徒提供实训实习岗位，为学徒安排轮岗和企业导师，为学徒设计岗位培养内容和全程的评价。从利益相关者的收益来看，企业参与现代学徒制的本意是希望在人才、技术两方面获益，和学校共同培养，一方面，学生参与企业工作，降低劳动力成本，通过留用优秀毕业生，减少社会招聘和培训费用；另一方面，借助学校的科研与技术服务，提升技术开发和现有产业改造的能力，通过宣传企业品牌价值和企业文化，提高社会知名度和美誉度。但在现代学徒制实施中，企业普遍认为收益要小于预期。

2. 高投入、高收益——学校

从利益相关者的投入来看，现代学徒制若干主体中，学校始终是主动者。首先，通过调研当地经济和产业需求，构建产教融合的办学模式，并制定一系列基础性文件和校企合作方案，例如专业的设置、课程的改革、"双师型"师资队伍的培养、学徒制度的制定等。其次，主动参与合作企业的员工理论与学历的提升，完善员工的继续教育，与合作企业开展技术研究。然后，帮助学生转变角色，其中安全教育是重中之重，并向学生宣传企业文化与企业规章制度。最后，从始至终保护、维护学生权益。从利益相关者的收益来看，学生的实践性与操作性教学得以开展，可以借助企业资源，如企业的设施与设备、产品与市场的真实环境，提高学生的培养质量与教师的授课能力。学校在优化专业设置和人才培养方案的时候，可以直接获得企业和市场需求的人才信息，增强针对性与灵活性，同时在学徒期间，教师和学生都有机会应用合作企业较为先进的软硬件资源，这样节约了实践性教学的设施设备支出。此外，还帮助学生落实工作岗位，促进学生更好地实现就业，促进了"双师型"师资队伍的建设。

3. 低投入、高收益——学生

从利益相关者的投入和收益来看，学生需要的投入低，但是收益很高。现代学徒制模式可以让学生在三年的学习中有机会尝试真实的企业工作内容，及早发现自己的优劣势，在一定程度上提高了他们的学习主动性与积极性，培养实践技能。此外，在学徒期间，通过企业师傅的传授，学生快速熟悉业务，掌握工作流程和内容，加深对理论知识的理解，通过理论与实践的结合，既提高技能水平，又培养了解决实际问题的能力。学生入职后能够迅速适应工作环境与任务，实现了学习与工作的无缝对接，提升了动手能力与职业素养，加深了对社会和职场的认识，从而获得良好的职业与岗位能力，增加社会阅历与社会经验，社会适应能力和就业竞争力增强。

4. 低投入、低收益——企业导师、学校教师

从利益相关者的投入和收益来看，企业一般会选派出骨干员工与院校教师共同组建双导师团队开展教学工作，一般以学校教师为主，首先制订学生培养计划，然后听取企业导师建议，开发出体现企业对人才需求的课程并加以实施。企业导师要根据市场环境的变化、企业工作内容的调整，及时对教学计划和方案提出建设性意见。企业一般会给予承担企业导师的员工一定的待遇补偿。学校教师可以学习到基础理论知识在实际项目应用中的运作经验，提升专业技能。企业导师和学校老师在现代学徒制工作中有一定的收获，也有一定的付出，但相较于企业和学校，投入与收益都处于较低水平。

5. 投入与收益矩阵的分析结论

从图 1-11 可以看出，职业院校处于高投入、高收益的区域，投入与收益基本平衡，同时职业院校又是现代学徒制的重要参与者，是主要利益的获得者，所以学校是目前现代学徒制的积极推动者。企业处于高投入、低收益的区域，投入与收益不平衡，这是企业参与现代学徒制积极性不高的主要原因，需要重点剖析与

解决。学生处于低投入、高收益的区域，虽然也是投入与收益不平衡，但结果属于良性循环。企业导师和学校教师处于相对低投入、低收益的区域，投入与收益平衡，因此下文就不再将其作为论述的重点。

（三）现代学徒制中利益不平衡与利益冲突的产生

1. 企业投入与收益的不平衡

企业作为一种自负盈亏的经济组织，往往会从投入与收益两个角度权衡是否与学校共同培养现代学徒制人才。从短期投入来看，需要企业在短期内投入一定的人、财、物，包括派出高层管理人员参与学徒制的课程规划与设置，选择并培训企业导师，准备实训设备、实习耗材，同时还有一些间接成本支出、风险成本支出等。虽然学校根据校企协议会支付部分实习经费，但不足以弥补企业的支出。但如果从中长期投入来看，企业则可以获得人力资源储备，尤其是企业通过和职业院校采取嵌入式培养，将企业潜在员工培养与现代学徒制人才培养相结合，更有利于自身岗位在技术、技能、结构和类型方面的现实需要，人才培养成本得到降低。但是员工培养收益又存在很多不确定性因素，比如企业员工的离职等。所以企业经营者在参与现代学徒制的过程中，因为投入与收益的不平衡而始终处于被动与消极状态。

2. 企业与学校的利益冲突

（1）价值目标不同。在现代学徒制利益相关者的投入与收益矩阵中，学校存在投入与收益的正相关，希望加大投入，获得更高收益，其目标是借助企业资源，开展学生的现场实训教学，进一步强化课程体系建设，将部分培养成本向企业让渡，同时办出学校的特色培养模式。但是企业短期内存在投入与收益的负相关，中长期才有可能实现获得高素质的人力资本，提升人才结构，稳定人才来源。由于学校的育人价值目标与企业的逐利价值目标在目标取向上有所不同，学校和企业的利益需求也无法得到有效满足，它们之间的冲突随之显见。

（2）文化理念不同。职业院校和企业虽然都是社会组织，但性质不同，文化理念不同。育人与树人、传承与培养是学校的职责，学校遵循教育规律，传播公益性文化，都是不以营利为目的的。而作为经营性组织的企业，遵循市场规律打造企业文化，营利性始终渗透其中，大多数企业尚未将职业教育作为企业的社会责任，因此校企双方在合作开展现代学徒制的过程中，会因文化理念不同而产生诸多矛盾。

由此看来，缺少价值和文化的认同成为校企在现代学徒制深入合作的制约因素，企业与学校在现代学徒制的利益方面存在差异性与冲突性。

3. 企业与学生的利益冲突

从学生层面看，普遍存在学习动机不强的现象。一是学生会认为选择的专业还处于试点阶段，考试容易通过，并且进入试点专业后，就业就有了保底，进取心下降。二是学生因为学习场所由学校切换至企业，不能马上适应环境的变化，加之对企业文化缺乏认同，大多表现出几天的新鲜感之后，积极性开始下降。从企业层面看，有关现代学徒制的相关法律法规还不健全，学校和企业在签订现代学徒制合作协议的时候，大多数会遵循人才共育、风险共担的原则。从试点情况来看，最为突出的风险就是学生的安全责任。在企业实习实训的时候，学生作为企业的一名员工，要严格执行工作岗位规范，但与正式员工相比，学徒的技能水平和心理素质较差，责任与风险意识低，一旦出现生产事故，企业责任不可避免，这不仅增加了企业管理难度，也限制了企业参与现代学徒制的热情。此外，企业参与现代学徒制，其中一个收益因素就是可以获得人才储备，但是社会上人才流动的不确定性，以及学生对社会和企业认知的短缺，导致无法保证企业能将培养出来的学徒留在本企业，对于企业又是一种收益损失风险。

（四）建立主要利益相关者的利益平衡机制

各核心利益相关者之间的需求不平衡和相互之间的利益冲突，势必对现代学徒制的进一步发展造成严重影响。因此，应深入分析利益相关者的矛盾，进而提出有针对性的平衡策略，形成利益平衡机制，详见表 1-6。

表 1-6　现代学徒制利益相关主体的利益平衡发展策略

层次	主体	利益冲突	利益平衡发展策略
核心	学校	校企	价值认同 文化对接
	企业	校企、企生	长远利益 人才战略 社会责任
	学生	企生	职业观念 契约意识

续表

层次	主体	利益冲突	利益平衡发展策略
重要	政府	社会利益	对学校：政策引导、财政支持 对企业：利益补偿、完善法律
	行业协会	社会利益、经济利益	行业鼓励与宣传
支撑	学校教师	培养效果	精准育人方案、全程培养
	企业导师	培养效果	企业文化与操作技能
	公众	社会利益	宣传

1. 构建法律与政策的收益机制，促进企业的收支均衡

在现代学徒制中，企业投入与收益的不均衡，直接导致企业缺乏积极性，作为公共服务管理者，同时又是现代学徒制利益相关者的政府和行业协会就需要构建法律与政策的收益机制，建立健全现代学徒制相关的法律法规和制度体系，制定政策规范学校与企业的合作，保障参与现代学徒企业获得利益。一方面，从当前现实条件来看，政府可以在税费减免、专项基金、贷款补贴、用地项目支持等方面，针对参与现代学徒制的企业给予直接利益的补偿，既减少企业的支出成本，享受到相关优惠政策，同时又能获得参与社会教育的补偿资金，因此促成利益的新平衡。另一方面，作为现代学徒制的利益相关者的行业协会，有责任与义务整合学校、企业、政府三方资源，增进彼此的信息沟通，在现代学徒制中起到协调与润滑的作用，既协调企业在职业教育与人才培养中与学校的关系，又帮助企业主动承担自身在社会育人中的责任，转变企业对现代学徒制的观念，增强社会责任感，提升育人的价值观，同时在行业内积极宣传现代学徒制的意义，并对参与企业给予嘉奖和表彰，提升企业的荣誉感。

2. 构建价值与文化的对接机制，解决校企冲突

在现代学徒制人才培养中，校企合作双方存在文化与价值相背离的问题，利益固然是校企合作重要的推动力，但校企双方对于彼此文化与价值的认同、理解，是校企合作持续开展的关键，构建校企的价值与文化的无缝对接机制才能真正实现校企融合、一体化办学的现代学徒制的改革目标。

首先，学校和企业在现代学徒制建设上的价值需求差异是校企冲突的主要因素，培养高素质技术技能型人才是学校的办学目标，学校将培养价值放在首位，这与企业的逐利价值构成矛盾统一体。但是如果从长远目标来看，培养价值与逐

利价值是具有一致性和共享性的，因为企业发展的短期目标是追求利润，但是企业长期的竞争焦点一定是高素质的人才竞争，因此参与人才培养是企业长久发展的保障。现代学徒制是实现学校培养价值与企业长远利益价值的最佳载体，是实现双方价值对接和利益实现的保障。

其次，企业需要将现代学徒制纳入企业的发展规划和人才培养战略计划，学校需要科学设定人才培养方案与培养规格，保障人才培养与企业需求的契合度，校企双方在经济利益考核之外互信与包容，妥善处理矛盾，化解冲突，共同探索培养人才的合作战略与协同方案，提升双方在社会价值、文化价值上的认同度，最终实现人才培养，实现校企双方的共赢。

3. 构建沟通与共享机制，化解企业与学生冲突

学校针对参加现代学徒制试点的学生，首先需要加强教育与沟通，引导学生清晰地认识自我，面对现实，对未来有更明确的规划，让学生认识到现代学徒制的意义，同时端正其学习态度，提升职业认知水平，注重企业文化的熏陶和渗透。在企业做学徒也需要进行严格的双向考核，要将专业知识与专业技能与工作实践进行转化，形成自己的竞争力。为积极配合现代学徒制的要求，企业同样需要增强对学徒的教育沟通，要求学徒在严格履行校企合作培养协议的同时，与企业员工一样遵守企业制度与规范，建立学校、企业、学生三方的共享机制，帮助学生树立正确的职业观念和契约意识。

企业自身也必须更新观念。人才储备是企业发展的长期战略，企业应选派骨干员工与院校教师共同开展教学工作，共同开发课程、制订培养计划，将企业对人才的需求融入课程与计划。在现代学徒制中，必须将严谨的企业管理、科学的操作规范展示给学生，引导学生树立工匠精神。只有这样，才能够更有效地吸纳更多的优秀毕业生，不断降低企业培养成本，提高企业长远利益。

四、现代学徒制实践情况调查分析

为持续改进和完善现代学徒制试点教学模式，形成实践经验并广泛推广，根据教育部首批现代学徒制试点专业——北京财贸职业学院物流管理专业试点实践情况进行了问卷调查分析。

（一）现代学徒制学生问卷调查总结

本次问卷一共有 44 份有效问卷，调查人群为周围参加现代学徒制的学生。其中女生 25 人，男生 19 人。问卷主要调查参加了现代学徒制的学生在参加了现代学徒制之后的想法，对自己的帮助，以及关于学徒制的一些认识、收获与不足。本试卷采用了网上调查，学生可以更快速高效地进行答卷。

1. 现代学徒制学生问卷调查问卷具体内容与数据分析

第 1 题　您的性别是？　　（单选题）

选项	小计	比例
A. 男	19	43.18%
B. 女	25	56.82%
本题有效填写人次	44	

第 2 题　你认为本次实习学校安排得是否规范？　　（单选题）

选项	小计	比例
A. 很规范	15	34.09%
B. 规范	20	45.46%
C. 一般	9	20.45%
D. 不规范	0	0%
本题有效填写人次	44	

第 3 题　你对实习项目与本专业的匹配程度是否满意？　　（单选题）

选项	小计	比例
A. 很满意	14	31.82%
B. 满意	21	47.73%
C. 一般	9	20.45%
D. 不满意	0	0%
本题有效填写人次	44	

第4题 你对自己在本实习项目的实习效果是否满意？ （单选题）

选项	小计	比例
A. 很满意	15	34.09%
B. 满意	17	38.64%
C. 一般	12	27.27%
D. 不满意	0	0%
本题有效填写人次	44	

第5题 你对学徒制指导教师巡回指导是否满意？ （单选题）

选项	小计	比例
A. 很满意	16	36.36%
B. 满意	19	43.18%
C. 一般	9	20.46%
D. 不满意	0	0%
本题有效填写人次	44	

第6题 你对学徒制指导教师的敬业精神是否满意？ （单选题）

选项	小计	比例
A. 很满意	17	38.64%
B. 满意	18	40.91%
C. 一般	9	20.45%
D. 不满意	0	0%
本题有效填写人次	44	

第7题 你对企业师傅的指导是否满意？ （单选题）

选项	小计	比例
A. 很满意	16	36.36%
B. 满意	22	50.00%
C. 一般	6	13.64%
D. 不满意	0	0%
本题有效填写人次	44	

第8题　你对实习企业的工作环境是否满意？　（单选题）

选项	小计		比例
A. 很满意	16		36.36%
B. 满意	26		59.09%
D. 一般	2		4.55%
D. 不满意	0		0%
本题有效填写人次	44		

第9题　你对实习企业实习管理工作是否满意？　（单选题）

选项	小计		比例
A. 很满意	15		34.09%
B. 满意	24		54.55%
C. 一般	5		11.36%
D. 不满意	0		0%
本题有效填写人次	44		

第10题　你对实习过程中的安全管理是否满意？　（单选题）

选项	小计		比例
A. 很满意	15		34.09%
B. 满意	22		50.00%
C. 一般	7		15.91%
D. 不满意	0		0%
本题有效填写人次	44		

第11题　实习结束后，你有想继续留下实习企业工作的想法吗？　（单选题）

选项	小计		比例
A. 有	25		56.82%
B. 没有	19		43.18%
本题有效填写人次	44		

第12题　如果你不想继续留在实习企业工作,主要原因是什么？　（单选题）

选项	小计	比例
A. 没有发展前途	8	18.18%
B. 薪资太低	13	29.55%
C. 工作环境不符合自己要求	11	25.00%
D. 工作辛苦	0	0%
E. 工作制度太苛刻	0	0%
F. 难以处理与同事领导的关系	0	0%
G. 想继续留在这里工作	12	27.27%
本题有效填写人次	44	

第 13 题　在进行学徒制学习的模式后，你认为学徒制对自己是否有帮助？（单选题）

选项	小计	比例
A. 有	33	75.00%
B. 没有	1	2.27%
C. 有一点帮助	10	22.73%
本题有效填写人次	44	

第14 题　你认为学徒制学习与在学校学习不同的地方是？　（多选题）

选项	小计	比例
A. 学到了更多的实际操作技能	38	86.36%
B. 学到了更多的与人沟通技巧	25	56.82%
C. 可以真正地体验到实际工作中的不易	31	70.45%
D. 与在学校学习没有什么不同	4	9.09%
本题有效填写人次	44	

第15 题　你认为企业进行学徒制学习还有哪些不足之处？　（多选题）

选项	小计	比例
A. 希望企业可以更加专业	23	52.27%
B. 希望可以加强在企业学习的知识	32	72.73%
C. 希望在企业工作时间更加完善	24	54.55%
D. 希望加强实践时间	15	34.09%
本题有效填写人次	44	

第 16 题　作为已经完成学徒制的学生,你是否会向你周围同学、学弟学妹推荐这种学习模式?　(单选题)

选项	小计	比例	
A. 是	37		84.09%
B. 否	7		15.91%
本题有效填写人次	44		

第 17 题　相对之下你更喜欢在学校学习还是在企业进行学徒制学习?　(单选题)

选项	小计	比例	
A. 在学校学习	8		18.18%
B. 在企业学习	6		13.64%
C. 在学校和企业学习都进行学习	30		68.18%
本题有效填写人次	44		

第 18 题　学徒制学习对你未来在企业正式工作有哪些帮助?　(多选题)

选项	小计	比例	
A. 可以让我更快适应企业生活	33		75.00%
B. 可以让我在学生和职员两个身份之间转换得更快	21		47.73%
C. 可以为我未来的工作打下专业知识基础	28		63.64%
D. 可以让我在未来找工作时减少盲目	15		34.09%
本题有效填写人次	44		

第 19 题　你认为在企业学习的这段日子自己哪些方面感觉做得不够好?　(单选题)

选项	小计	比例	
A. 没有积极地学习企业知识	15		34.09%
B. 没有积极地与企业师傅进行交流	16		36.36%
C. 没有积极地进行实践	5		11.36%
D. 觉得自己做得很好	8		18.19%
本题有效填写人次	44		

第20题　在学徒制学习过程中,是喜欢轮岗制学习还是定岗制学习?　（单选题）

选项	小计	比例
A. 轮岗制	30	68.18%
B. 定岗制	5	11.36%
C. 无所谓，哪种都可以	9	20.45%
本题有效填写人次	44	

第21题　关于现代学徒制你对学校有什么建议?　（单选题）

选项	小计	比例
A. 希望增加企业实践时间	8	18.19%
B. 希望完善相关制度，增加规范性	5	11.36%
C. 希望认真检查和考核学生实践工作	5	11.36%
D. 无建议	26	59.09%
本题有效填写人次	44	

第22题　你对实习企业管理工作有什么建议吗?　（单选题）

选项	小计	比例
A. 希望企业多增加学生实操的机会	7	15.91%
B. 希望完善相关制度，增加规范性	5	11.36%
C. 希望工作任务更具体，更明晰	6	13.64%
D. 无建议	26	59.09%
本题有效填写人次	44	

第23题　作为学长/学姐,你认为下一届学徒制学生应该做哪些准备?　（单选题）

选项	小计	比例
A. 提前规划，做好准备，摆正心态，积极应对	18	40.91%
B. 认真细心，加强实践能力	10	22.73%
C. 无	16	36.36%
本题有效填写人次	44	

2. 分析

据调查问卷可知，大部分的学生对现代学徒制的规范性表示认可，认为学习内容与自己专业的匹配程度较高，在企业实习学习的这段时间里对于自己实习项目的效果也很满意，只有少数人认为一般。在实习过程中会有校内导师进行巡回指导，其中有大约一半的学生对老师的巡回指导满意，可见校内导师的巡回指导也非常重要，在学生面对一个陌生的环境时，校内导师的指导可以解决学生遇到的问题，也可在企业学习的过程中进行现场教学。

现代学徒制的重点就是在企业进行学习，企业师傅教授的知识也是最重要的一点，在企业学习的过程中学生们对企业师傅的教学指导表示满意，只有少数的学生认为一般，可见企业师傅的教学也是非常有效的。企业的工作环境也是学生们非常关注的问题，根据调查，对工作环境满意的学生占比 59%，对工作环境很满意的同学占比 36%。企业的管理工作会体现在学生实习过程中的各个方面，调查结果显示，学生们对企业的管理工作也非常满意。安全问题无论在校内学习还是在校外学习都十分重要，超过半数的学生都对学徒期间的安全工作表示满意。在企业实习过后，有超过一半的学生想留在企业进行实习，其余学生不想留下的原因是薪资较低，或感觉没有发展前景，或是处理人际关系的烦恼。可见，即将毕业的学生对于自己未来的发展前景和薪资也较为关注，参加学徒制的企业可能暂时还没有能力满足这些要求。

参与现代学徒制企业课堂学习后，75%的学生认为学徒制对自己有很大的帮助，仅 2.27%的学生认为没有帮助。现代学徒制可以让学生学到在学校学不到的技能，也可以在工作中感受到不易，同时，在与师傅的交流中也锻炼了自己的沟通能力。83.09%的同学在进行了学徒制的学习后都非常愿意向周围的人推荐这种学习模式，可见现代学徒制人才培养模式行之有效。对于学徒制的不足，大多数学生希望加强在企业学习的知识。大多数的同学很希望学习过程中可以在学校与企业结合的环境下共同学习。现代学徒制为学生未来走向工作岗位打下了良好的基础，学生在学校很少有机会接触到企业的真实岗位工作、制度等，企业学习过程给了学生很好的锻炼机会，也只有在企业实习的过程中学生才会真正发现自己的不足。对于如何安排企业实践，大多数学生都喜欢轮岗制，这种学习方式可以很好地锻炼学生综合能力，并帮助学生通过轮岗找到适合自己的领域和岗位。

3. 结论

学生在经历了现代学徒制企业课堂学习后，较之前明显成长许多。在学校学生会学习理论知识，却没有办法习得工作岗位的实际处理能力。这并非校内学校无用，学校学习从理论上打基础，而企业课堂增加学生实战经历，两种学习都对学生都有好处，理论指导实践，实践验证并推进理论，学生们对这一点感受很深。在经历学徒制之后，同学们都对实习和以后的工作都有了大致轮廓，对于自己未来的工作也都有了目标。在企业实习期间，学生们对企业、老师和师傅的评价都很高，可见现代学徒制培养模式有良好的效果。学生们在企业实践之后能够快速发现自己的不足，并随之修正，对自己后续的学习和工作均有较大帮助。学生们都很认同该培养模式并愿意推荐给周围人，可见学生们对于学徒制的肯定。在调查过程中也发现，校企合作的力度还需要进一步加强，使整个学徒制的过程更加完整化、规范化。学生们在进行学徒制学习后，不仅增加了知识还锻炼了自己处理工作和事务的综合处理能力。

（二）现代学徒制企业反馈

对于本次现代学徒制企业学习，根据学生们在安信捷达学习环节中的表现，企业师傅给出了最真实的评价，企业愿意接收更多优秀学生来进行企业课堂学习。下面是企业师傅调查问卷分析，从中可以看出企业师傅愿意或接受本次现代学徒制企业课堂的过程与成果。本次问卷调查了企业员工、经理、主管以及领导 35 人。

1. 调查问卷结果

第 1 题　您在企业的身份是什么？　（单选题）

选项	小计	比例
企业领导	1	2.86%
企业经理	1	2.86%
企业主管	4	11.43%
企业员工	29	82.85%
本题有效填写人次	35	

第 2 题　贵公司是否愿意通过校企合作培养所需人才？　（单选题）

选项	小计	比例
非常愿意	32	91.43%
不愿意	0	0%
一般	1	2.86%
不清楚	2	5.71%
本题有效填写人次	35	

第 3 题　您认为学徒制的效果如何？　（单选题）

选项	小计	比例
很满意	26	74.29%
满意	5	14.28%
一般	3	8.57%
不满意	1	2.86%
本题有效填写人次	35	

第 4 题　您认为学徒制的学生表现如何？　（单选题）

选项	小计	比例
很满意	22	62.86%
满意	8	22.86%
一般	5	14.28%
不满意	0	0%
本题有效填写人次	35	

第 5 题　您认为学徒制对于企业正常工作是否有帮助？　（单选题）

选项	小计	比例
有帮助	31	88.57%
没有帮助	0	0%
有些帮助	4	11.43%
拖后腿	0	0%
本题有效填写人次	35	

第 6 题　您认为本次学徒制的进行是否打扰了企业正常工作？　（多选题）

选项	小计	比例
有	4	11.43%
没有	23	65.71%
提高了工作效率	22	62.86%
减轻了工作负担和成本	18	51.43%
本题有效填写人次	35	

第 7 题　您认为本次学徒制中学校的安排是否合理？　（单选题）

选项	小计	比例
合理	31	88.58%
不合理	2	5.71%
一般	2	5.71%
本题有效填写人次	35	

第 8 题　您认为企业还会愿意接受学徒制教学吗？　（单选题）

选项	小计	比例
愿意	32	91.43%
不愿意	0	0%
看情况考虑	3	8.57%
本题有效填写人次	35	

第 9 题　您认为企业是否更愿意接受学徒制的学生成为企业员工？　（单选题）

选项	小计	比例
愿意	31	88.57%
不愿意	0	0%
看条件考虑	4	11.43%
本题有效填写人次	35	

第 10 题　您认为企业对学徒制的投入和收益是否符合企业预期？　（单选题）

选项	小计	比例
是	27	77.14%
否	1	2.86%
不清楚	7	20.00%
本题有效填写人次	35	

第 11 题　对于企业课堂教学，您认为学校老师应该（　　）。　（单选题）

选项	小计	比例
经常参与	31	88.57%
偶尔参与	2	5.71%
不参与	2	5.71%
本题有效填写人次	35	

第 12 题　对于企业课堂教学，您认为学校老师参与的方式？　（单选题）

选项	小计	比例
帮助企业对学生管理	24	68.57%
参与企业教学	11	31.43%
电话网络参与	0	0%
本题有效填写人次	35	

第 13 题　您认为学校与企业考核的比例多少合适？　（单选题）

选项	小计	比例
学校 40%　企业 60%	12	34.28%
学校 50%　企业 50%	14	40.00%
学校 60%　企业 40%	8	22.86%
其他	1	2.86%
本题有效填写人次	35	

第14题　公司现招聘员工来源为？　（多选题）

选项	小计	比例
有一定工作经验员工	32	91.43%
大专院校应届毕业生	22	62.86%
中职院校应届毕业生	22	62.86%
其他	6	17.14%
本题有效填写人次	35	

第15题　企业希望学生具备哪些素养？　（多选题）

选项	小计	比例
主动学习意识	34	97.14%
学习能力	29	82.86%
沟通能力	30	85.71%
团队合作能力	30	85.71%
吃苦耐劳	31	88.57%
创新能力	27	77.14%
本题有效填写人次	35	

第16题　您希望通过现代学徒制传授或影响学生哪些方面？　（多选题）

选项	小计	比例
专业能力	28	80.00%
企业的全局意识	25	71.43%
为人处世方法	29	82.86%
市场应有的审慎的思维意识	22	62.86%
本题有效填写人次	35	

第17题　您对企业课堂教学成果的满意度如何？　（单选题）

选项	小计	比例
很满意	28	80.00%
比较满意	6	17.14%
不满意	1	2.86%
本题有效填写人次	35	

第 18 题　您认为本次学徒制是否达到了企业的目标？　（单选题）

选项	小计	比例
是	31	88.57%
否	4	11.43%
本题有效填写人次	35	

第 19 题　您认为本次学徒制还有哪些需要改进的地方？　（单选题）

选项	小计	比例
学徒制管理制度	5	14.28%
学生积极性和团队意识培养	7	20.00%
无建议	24	68.57%
本题有效填写人次	35	

第 20 题　认为下次学徒制应该在哪些方面进行改进？　（单选题）

选项	小计	比例
学徒制管理制度	5	14.28%
学生积极性和团队意识培养	6	17.14%
无建议	24	71.43%
本题有效填写人次	35	

2. 分析

分析各位师傅及企业员工的真实反馈，可知现代学徒制达到预期教学成果，企业愿意接受学生这样的新兴力量加入公司，给公司创造收益。企业喜欢有自主学习能力、良好的沟通能力、团队合作能力、吃苦耐劳精神并且有创新精神的学生。企业员工认为本校学生表现良好，素质较高。

通过对企业员工、主管、经理和领导的调研，我们发现，企业的员工和领导对学生在企业的实习给了很高的评价，都认为学生在企业实习可以很好地帮助企业员工工作。企业也非常愿意通过学校与企业的联合培养为企业培养新的有朝气的新型人才。学生在企业的表现往往也会映射出他以后在实际工作单位的表现，在企业实习期间企业评价较高，62.86%的人对学生在企业的表现很满意，其余为满意和一般，不满意率为零。企业员工们认为学徒在学习期间基本没有打扰企业正常工作。根据调查可知，88.57%的人认为学校安排合理，这是企业对学校的肯定。经过企业实习后，企业相关人员非常愿意学生成为企业正式员工。对于学校方面，企业希望学校指导老师可以多跟岗实践环节，这样可以及时处理问题和互相交流，助力学生更快适应实践学习。在考核方面，企业希望企业考核所占比例增大，以便考核学生的综合素质以及能力。关于企业的调查，我们发现企业大部分员工都是有经验的员工，这也是当前大多企业的共同点，所以积极开展现代学徒制项目为企业先行培训了有经验的员工，在新员工入职的时候就会省很多培训步骤，这对学校和企业是双赢：对于学校而言，可以丰富学生在企业的真实性阅历，让学生真实地体验和熟悉企业工作；对于企业而言，是一个可以提前培训员工的机会。对于学生而言，可以利用企业实践环节增强专业知识和岗位技能，并学习为人处世的方法等。

从企业调查问卷来看，企业对于学徒制开展表现出愿意积极的态度。这一项目的开展对学校、企业、学生本人都有很大的好处。企业对学徒制项目的肯定也表明了这个项目的可行性。企业达成了他们的目标，学生在企业学习过程中确实学到了很多知识。

五、基于现代学徒制的创业教学模式研究

[摘要]基于现代学徒制的创业教学模式是以合作创新企业的业务为学习内容，依托创新企业的实践教学系统，利用创新企业派来的指导教师，完成对创业学生的培养。这种模式的实施过程就是师傅带徒弟的实践过程，是学生实际参与创业的全过程，它解决了财贸类院校的创业实践环节不好找企业合作的难题。学校与企业共同实施课程计划，构建起"教学、实践双主体驱动"的课程结构。学校开发以创业实践活动为中心的课程，着重解决基础性、普遍性的教学内容，由专业教师和企业兼职教师进行教学；企业作为育人的另外一个主体，按照职业规范、岗位工作流程和考核标准确定教学内容和流程，着重解决实践性强、标准高、具有企业专属性的教学内容，由企业安排技术能手作为师傅负责带领学生上岗学习，校内教师与校外教师交替或同时进行。这种人才培养模式实现了学校、企业的深度合作，教师、师傅的联合传授，摸索出了一条适合当前国内环境、以职业能力培养为主的技术技能型人才培养的有效路径，是现代学徒制落地实施的有效模式。

[关键词]现代学徒制　校企合作　创业教育

（一）国内外现代学徒制比较

2015 年教育部发布了《关于公布首批现代学徒制试点单位的通知》（教职成厅函〔2015〕29 号），这标志着我国现代学徒制改革试点进入了实质推进阶段。现代学徒制如何开展？有没有固定的模式可循？现代学徒制的开展与国家的顶层设计有关，但作为一种制度，其形成与发展又受制于国家的政治、经济、文化和历史传统。

我们通过比较研究发现，德国、瑞士、英国、澳大利亚和法国的现代学徒制的开展模式是多样化、多途径的。比如，德国、瑞士等学徒制传统深厚的国家，更注重的是现代学徒制的过程管理和质量控制；英国、澳大利亚等职业教育比较发达的国家，主要采取结果控制的方式，给予开展学徒培训的企业和教育机构尽量多的教学自主权，让更多的企业和学生参与到现代学徒制中。这些国家基本以职业学校和企业为主体。而有些国家引入了第三方机构，比如，瑞士"三元制"中的第三元（产业培训中心）的产生和制度化，是因为瑞士以中小企业为主，这些企业在硬件和师资上都难以满足培养行业通用人才的需要，必须有一个三方机构来服务于各个企业和学校。再如，法国现代学徒制的开发和管理主要在行政大区层面，这是与法国 20 世纪 80 年代以来"权力下放"的政治背景紧密相关的。即使在同一个国家里，具体情况不同，现代学徒制也可能采取不同的做法。比如，工学交替既可以按日交替，也可以按周或月交替；既可以由单个企业承担企业培训，也可以由多个企业联合开展或转移到跨企业培训中心；既可以由企业直接招募学徒，也可以由学校或第三方机构代为招募。

我国当前开展现代学徒制，也应该找到适合我国的发展路径，走自己的特色道路。在试点阶段，我们尤其应该以开放的态度鼓励多样化的尝试，同时，多样化发展亦是由我国国情决定的。事实上，我国一些地区和学校的现代学徒制探索已经初显多种类型：有面向学校生源的，有面向企业生源的；有基于校企合作的，有基于"厂中校"或"校中厂"的，也有基于职教集团的。总之，允许多样化、尊重多样化、鼓励多样化，才是我国建立和发展现代学徒制的可行之路。依托北京地区创新型服务类企业比较多的优势，北京财贸职业学院引入多个创新型服务类商业企业开展学生创新创业教育，通过学徒制的学习模式形成了基于现代学徒制的创业教学模式。

（二）基于现代学徒制创业教学模式的运行

学校与互联网创新型企业成功联姻后，接下来要解决的问题就是该如何具体实施现代学徒制。

实施基于现代学徒制的人才培养模式改革，需要在顶层设计上确定一个能够保证可持续开展的长效运行框架，更需要构建基于优秀员工成长路径的课程结构。

基于现代学徒制的创业教学模式以合作创新企业的业务为学习内容，依托创新企业的实践教学系统，利用创新企业派来的指导教师，完成对创业学生的培养。学生毕业后，可以作为合作创新企业的合作伙伴，或者作为合作创新企业的上、下游生态圈伙伴，也可以直接到合作创新企业就业。这种模式的实施过程就是师傅带徒弟的实践过程，而且学生实际参与创业的全过程，正式地参与到企业从初建立到开业经营再到健康发展或经受挫折的全部过程，这种模式解决了财贸类院校的创业实践环节不好找企业合作的难题。一般，正式运行的企业不可能让实习的学生直接从事财会、物流、市场营销活动从策划到实施的全过程，只能让他们参与其中的一个环节，学生不能够全面认知和实践企业管理的知识和技能。

基于现代学徒制创业教学模式的课程经过了以专业核心竞争力为引领的课程变革，课程的整体架构脱离了原有的学科课程模式，变成以创业实践为中心和主线的课程结构，学校与企业共同实施课程计划，构建起"教学、实践双主体驱动"的课程结构。

课程实施是由学校与企业这两个平等主体共同实施的：学校开发以创业实践活动为中心的课程，着重解决基础性、普遍性的教学内容，由专业教师和企业兼职教师进行教学；企业作为育人的另外一个主体，按照职业规范、岗位工作流程和考核标准确定教学内容和流程，着重解决实践性强、标准高、具有企业专属性的教学内容，由企业安排技术能手作为师傅负责带领学生上岗学习，校内教师与校外教师交替或同时进行。所谓驱动，是学校与企业相互传输内容与能量，实现对学生的最大影响，它试图把学校本位的教育与企业本位的教育紧密结合，推动学生的创业热情和就业能力。学校和创新企业深度合作、教师和创新企业师傅联合传授的教学过程，保证了学生就业或创业的高质量。

这种人才培养模式实现了学校和企业的深度合作、教师和师傅的联合传授，摸索出了一条适合当前国内环境、以职业能力培养为主的技术技能型人才培养的有效路径，是现代学徒制落地实施的有效模式。尤其是在学生毕业时，其发展平台已经不再局限于"专业对口"的就业，而是可以选择继续在原来当学徒的企业就业或进入其他相关企业，还可以转换职业，进入更高层次、更有挑战的职业管理岗位。通过两个学期的教学实践，北京财贸职业学院电子商务专业、物流管理专业、金融会计专业、工商管理专业、市场营销专业的学生在大三上学期学院的顶岗实习开始后，就集中在一起，开始了学徒制教学。我们先后引进了小麦公社、怡亚通供应链公司、联想佳沃、京东、顺丰、韵达、圆通、中通、朝批商贸、顺鑫集团等创新型合作企业资源，来到学校的产业园区，提供设备和系统及部分商品，帮助学生训练，启动教学。在教学过程中，制订周密的教学计划和严谨的经营管理方案，学生能够很快进入实际的经营管理，学习效果和学习热情明显提高。

（三）基于现代学徒制的创业教学模式的教学目标及教学计划

1. 培养目标

财贸大类专业包括物流管理、电子商务、连锁经营、国际贸易、国际商务、工商管理、企业管理、财务管理、会计电算化、金融、证券、营销、人力资源等数十个专业，覆盖了合作企业朝批商贸、怡亚通供应链公司等的主要业务范畴。培养目标主要面向上述若干个行业，培养具有良好的职业素养，掌握必需的文化学科知识和财贸专业知识，在商贸、财经、服务和管理岗位工作的职业经理人，以及能吃苦耐劳、具有创业精神和较强适应能力的高级技能型人才。

2. 教学计划

整个课程体系由创新企业管理实务类课程和创业实践类课程构成。创新企业管理实务课程包括企业级教学资源、企业导师课堂、企业信息系统等内容；创业实践类课程包括创业环境建设、企业创业实践、创业贷款、第三方人才水平评估等。

（1）创业环境建设：将企业的全球供应链软硬件平台及配套的环境及系统全部引入校园实训室，建设成一个完全与现实一致的创业环境，并融入现实企业的全球供应链系统。

（2）企业创业实践：基于中国 500 强企业的开放平台进行与企业同步的创业实践。创业环节必须包含采购、工厂库存管理、分销、仓储、配送、运输、电商、连锁、订单、收银、财务会计、供应链金融等完整供应链环节，同时，必须覆盖电商管理、物流管理、连锁经营、外贸管理、市场营销、工商管理、企业管理、财务会计等经管类专业的核心课程。创业全程由企业导师在学校进行现场指导，包括提供店长 1 名（由中国 500 强企业具有管理经验的企业导师担任），负责创业企业的实际运营与管理、授课，提供完整的创业教学课程体系及企业创业计划书并全程指导执行。

（3）学徒制模式的创业：学生以学徒身份在企业导师的指导下，组成创业团队，在校园内进行创业经营代替传统的顶岗实习，以 36 个月为单位。具体从事岗位及工作任务、工资、学生生活费用等事项，都由学生创业团队根据经营情况来集体讨论决定，正式开展学徒制模式的创业实践。

（4）创业融资：（担保贷款）公司提供担保，由学生根据个人实际情况向银行申请创业贷款，贷款金额及时间按银行规定执行。

（5）第三方人才水平评估：第三方人才水平评估证书。由企业及行业协会颁发相关职业资格认证证书，包括物流、电商、跨境电商、营销、会计、跟单、国际贸易业务等认证。

（四）基于现代学徒制的创业教学模式教学实践案例

校园是城市的一道风景，学生是城市的绘画者。90 后作为当代社会的主流，思想积极活跃，对互联网的发展有自己的见解。在这个不仅是"互联网+"，而且支持"万众创新，大众创业"的时代，校园创业将是一个培养人才的基点。

虽然在校学生可能缺乏实战经验，但是年轻就是学生们的资本，俗话说"初生牛犊不怕虎"，90 后的行为、思想比 80 后、70 后更具有开发的潜力。所以，大学生校园电商创业项目从各方面来说，都很符合时代发展的需求。在完成相应的创业课程和各种业务流程的学习后，创业项目团队制定了基于现代学徒制的创业教学模式的具体实施步骤，边实践，边学习调整，在校园形成了如下绩效成果。

1. 创新企业小麦公社和怡亚通供应链公司帮助学生成立学校运营中心

通过运营中心的整体把控，整合系部资源，打造校园智能、快捷、迅速的生活服务平台。组织整合校园现有的微信平台建设、仓储物流配送、微信公众号推广等各类资源，在每栋宿舍楼合理布局服务点，搭建物流供应链，并通过平台建设实行会员制度，进行高品质服务和快速精确的账务结算。

2. 在学校、企业指导老师的帮助下建立完善的校园物流配送体系

利用布局到各宿舍楼的服务点，建立健全适应校园电子商务发展需要的物流配送支撑服务体系，从而基本实现商品到服务点再配送到各个宿舍，配送能力大幅提高。

3. 开设宿舍服务点和校园站点

校园站点以线下实体店为主，宿舍楼设立服务点，同时兼管线上和线下销售，这两种不同的销售方式，可以随时满足学生的日常需求，实现客户端价值。校园站点以客户自由挑选购物为主，如果学校有超市的，可以直接与超市合作。宿舍服务点将给客户带来不一样的体验，让学生随时可以享受服务。经过半年多的基于现代学徒制的创业教学模式训练，校园内形成了稳定的市场和经营环境，收入稳定，成果显著。电商平台的销售、线下门店的经营、校园O2O服务网络和物流网络已经形成，学生通过基于现代学徒制的创业教学实践，团队成员一部分已经成功创业，一部分实现高薪就业。

（五）校企共建、合作实施基于现代学徒制的创业教学模式后的收益

1. 实施后学校直接产生的教学效益

通过引入创新型企业建立创业教学服务体系，学校取得系列长短期收效，并对自身办学质量的提高产生深远的影响。对学生个人来说，将深远影响个人的发展。

2. 实施后学校直接产生的社会效益

通过实施基于互联网的创业教学服务体系，学校将取得明显的社会效益，并对自身办学质量的提高产生深远的影响。主要体现在以下两方面。

第一，第三方人才水平评估。由企业及行业协会颁相关职业资格认证证书，包括物流、电商、跨境电商、品类师、零售精英等认证。

第二，专业建设水平评估针对院校的专业建设水平，由商务部下属行业协会根据商贸流通职业教育实践教学规范标准进行评估，合格后颁发相应的认证证书。

3. 实施后学校直接产生的经济效益

实施基于学徒制创新创业教学体系后，将为学校带来明显的社会效益，并为学校相关专业及学生带来一定的经济效益，主要体现在以下方面。

（1）提供学生创业贷款，真正起到校园孵化器的作用。企业将根据学生的需

要，在学校专业老师及 500 强企业导师的指导下进行创业项目开发，提供全程的创业指导，并辅助创业团队申请相应的创业贷款，真正让学校成为校园孵化器，办好创新创业教育，从而推动学生及学校共同成长。

（2）学生创业带来的经济效益。根据预测，一个 40 人的班级，按 2～3 个团队组成的创业团队来计算，每学年能产生 2～20 万元的收益。

（3）企业创业实践基于中国 500 强企业的开放平台进行与企业同步的创业实践。创业环节必须包含从采购、工厂库存管理、分销、仓储、配送、运输、电商、连锁、订单、收银、财务会计、供应链金融等完整供应链环节；同时，必须覆盖电商管理、物流管理、连锁经营、外贸管理、市场营销、工商管理、企业管理、财务会计等经管类专业的核心课程。创业全程由企业导师在学校进行现场指导，包括提供店长 1 名（由中国 500 强企业且有管理经验的企业导师担任），负责创业企业的实际运营与管理、授课。

基于现代学徒制创业教学模式的教学实践，在北京财贸职业学院已经取得了明显的成效，目前校园内各种电子商务服务和物流配送服务已经全部由学生创业团队来完成。企业的教师基本可以逐步退出，学生能够独立运营创业实体，学生创业团队也已经扩展到校外。在校园创业团队中，既有三年级的毕业班学生，也有一、二年级的在校生兼职队伍。校园的创业平台和经营团队在日常的教学和创业经营中密切结合，实践实战、创业就业、学生社团、企业经营融合融通。目前北京财贸职业学院信息物流系电子商务专业和物流专业的学生已经形成校园创业良性循环，基于现代学徒制的创业教学模式日臻成熟，北京商贸职教集团京津冀专业联盟、高职院校的教师也多次进行交流研讨，我们也为联盟学校实施试点，做一些标准化的工作，为基于现代学徒制的创业教学模式的推广实践总结经验。

实践篇

一、基于双主体育人模式，遴选现代学徒制人才培养合作企业

现代学徒制教学模式须校企联合招生，联合培养，一体化育人，它具有校企双主体育人、交互训教、岗位培养，学生学徒双重身份、工学交替、在岗成才等典型特征，而遴选合作企业是现代学徒制项目成功实施的关键一环。高职院校实施现代学徒制面临可选择企业数量众多且特质千差万别的问题。选择适合本校本专业的现代学徒制人才培养合作企业至关重要。

2015 年 8 月，北京财贸职业学院被教育部立项为首批现代学徒制试点单位，物流管理专业成为试点专业之一。物流管理专业以英国现代学徒制企业遴选标准为借鉴，以国内兄弟院校现代学徒制遴选合作企业本土化经验为参考，结合实际属地特征和专业特质，以"意愿性、契合性、正规性、稳定性和发展性"为标准，采用调研走访、双方洽谈、实地考察等方式遴选合作企业，如图 2-1 所示。

北京安信捷达物流有限公司是一家集仓储保管、城市配送、电子商务、运输（含集装箱冷藏保鲜专用运输、海关监管货物运输）、物流信息服务、校企合作于一体的跨区域、网络化、信息化，并具有供应链管理能力的综合型物流企业，是物流标准化试点单位、交通运输企业安全生产标准化达标单位、中国物流与采购联合会理事会员、4A 级物流企业、质量管理体系获证单位、政府指定"城市货运保障绿色车队"。从遴选标准上，该企业符合岗位契合性、正规性、稳定性和发展性标准。

经过洽谈，安信捷达合作意愿强烈，且公司高层具有强烈的教育情怀，能够大力支持和提供学徒培养过程中所需各类保障，符合意愿性标准。

基于上述遴选标准，最终选择北京安信捷达物流有限公司作为本专业合作企业。在合作过程中，结合物流行业、产业发展和技术更新迭代趋势，依据物流管理专业相关岗位新要求，根据上述遴选标准，增补京东集团为现代学徒制合作企业。

图 2-1 学校领导及教师团队考察拟合作企业现场

二、基于岗位能力培养，开发现代学徒制人才培养方案

按照"合作共赢、职责共担"原则，校企共同设计人才培养方案，共同制定专业教学标准、课程标准、师傅标准及相应实施方案。同时，提炼物流典型工作任务和职业能力要求，将企业物流岗位的实际能力要求，沉淀到教学场景，融入教学内容。

（一）校企联合召开人才培养方案论证会

校企共同制定一系列现代学徒制实施方案，完成顶层设计。根据行业企业实际运作情况制订详细周密的调研计划，完成物流管理专业人才需求调研，形成人才需求调研报告。根据企业典型工作任务，结合人才需求报告，校企联合在学校和企业多次召开人才培养方案论证会，从学生职业生涯发展路径、面向职业范围、职业素养、专业能力、典型工作任务等方面逐一进行研讨，共同制定人才培养方案和岗位学习计划，确定课程模块、岗位（工种）数量、岗位人数、企业师傅、考评制度等，完成人才培养方案制定工作。基于典型工作任务提炼成的课程任务，能够解决高职院校人才培养适应性低的问题，如图 2-2 所示。

图 2-2　校企联合开展现代学徒制人才培养方案论证会

（二）创设"双元育人，五位一体"人才培养模式

物流管理专业依托企业和学校优质教学资源，汲取现代学徒制人才培养内涵，挖掘现代学徒制人才培养精髓，以培养物流管理专业高素质技术技能型人才为目标，以培养有"有爱心、讲诚信、负责任"的财贸人才，有较强的自主学习能力、可持续发展能力和实践创新能力的高端技能型人才为主线，创新构建"双元育人，五位一体"的人才培养模式，如图 2-3 所示。

在人才培养过程中，坚持以"立德树人"为根本，深入开展课程思政、全面实施素质工程，将企业文化融入专业，将企业岗位标准融入课程，形成校企合作、各施所长、产教融合的"双元育人"环境。

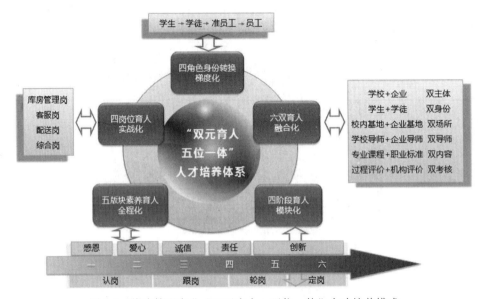

图 2-3　物流管理专业"双元育人，五位一体"人才培养模式

"五位一体"指四阶段、四岗位、四角色、五版块、六融合。四阶段指认岗、跟岗、轮岗、定岗四个阶段。四岗位指库房管理岗、客服岗、配送岗、综合岗。四角色指学生、学徒、准员工、员工四个角色。五版块指实施"感恩、爱心、诚信、责任、创新"的财贸素养教育。六融合指学校+企业双主体、学生+学徒双身份、校内实训基地+企业岗位学习基地双场所、学校导师+企业导师双导师、专业课程+职业标准双内容、企业导师的过程评价+第三方行业机构的结果评价的双考核。学徒获得职业能力证书，毕业考核取得毕业证书后成为企业员工。

（三）构建"课岗对接、校企融通"的课程体系

学校和企业组建课程开发小组，创新构建能力递进、理实一体的课程体系，以培养学生应用能力为主线，以工学结合为切入点，融入物流"1+X"职业技能等级证书标准，按照认岗、跟岗、轮岗、定岗的认知规律，校企合作开发了基于岗位典型工作任务的学徒制岗位课程及其课程标准、授课计划、职业岗位典型工作任务、设计学习性工作任务，把实际的工作任务变为学习任务，并通过实际的

项目背景资料和场景，融入企业文化，与京东物流共同研发课程内容、教学资源，将物流企业典型案例、数据进行改编并融入课程内容，注重新科技、新物流的发展理念，将先进的京东物流科技引入学校，紧跟科技物流发展步伐，有针对性地培养学生的职业素养和综合职业能力，如图 2-4 所示。

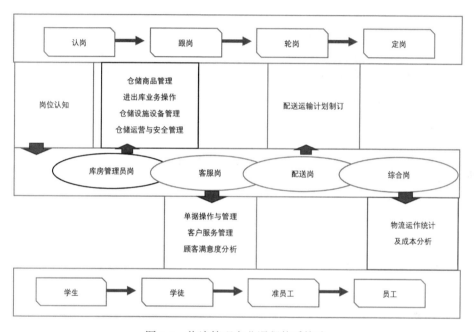

图 2-4　物流管理专业课程体系构建

　　学校和企业组建课程开发小组，共同确定学校技能课程和企业岗位课程同步推进，建立起了"课程模块化、内容项目化、项目岗位化"的课程体系架构模型，将所学专业课程分解成若干个模块，再将每个课程模块分解成若干个岗位，每个岗位分解成若干个技能项目，开发现代学徒制实训项目。根据专业教学计划要求，结合行业人才需求和岗位要求，科学、合理地提炼岗位核心技能，并由行业、企业、学校共同研究制订学习计划与学习大纲，编写具有鲜明职业特色的教学内容，注重实践性和可操作性。从职业岗位、工作任务、工作过程、岗位能力及职业素质出发，提炼出 13 个典型工作任务并开发相应课程，制定了 10 门学徒制核心课的课程标准。物流管理专业岗位描述及典型工作任务表如图 2-5 所示。

岗位业务描述	典型工作任务	核心职业能力
1.根据客户需求，利用己方资源与外包资源，制定当日的配送计划（在保有服务质量的前提下选择最低成本的运营方式）。 2.了解客户需求，了解客户产品属性。 3.对于城市运输干线熟悉，能快速准确区分运输路线。 4.对于运输成本及能力要非常了解，各种车型的运作成本及最大的荷载、容量。 5.对于外包资源，要清楚其优势与实际能力。	配送运输计划制定 顾客满意程度分析 物流运作统计及成本分析 进出库业务操作 单据操作与管理 客户服务管理 仓储设施设备管理 仓储商品管理 仓储运营与安全管理	1. 了解客户需求 2. 熟悉客户产品属性 3. 熟悉不同运营方式 4. 熟悉城市运输干线 5. 区分运输路线 6. 熟悉车型的运作成本 7. 熟悉不同车型最大的荷载及容量 8. 熟悉外包资源的优势与实际能力 9. 熟悉评价指标 10. 数据统计分析 11. 完成满意度分析报告 12. 单据数据统计整理 13. 形成数据分析报告 14. 接单下单 15. 信息录入 16. 数据操作跟踪 17. 对账 18. 接听客户电话来访 19. 异常处理 20. 客户信息管理 21. 客户档案信息更新 22. 按规定做好物资设备进出库的验收工作 23. 按规定做好物资设备进出库的记账工作 24. 按规定做好物资设备进出库的发放工作 25. 熟悉库房物资设备类 26. 熟悉相应物资设备的品种、规格、型号及性能
1.接单下单：将客户要求，和注意事项在内部委单上写清楚，转交到操作部门进行操作。 2.信息录入：将明细录入表格中，方便查找，每天的货量做成报表 3.跟踪：每天查看调度发布的跟踪表，并对货物出库等一系列操作进行跟踪。 4.异常处理：对于异常情况，应于客户做及时沟通，如情节过于严重应及时向领导反映情况。 5.单据管理：每月将回单整理好给客户，做好详细的单据整理，如有异常发生，有据可查。 6.对账：每月跟财务对好明细，在跟客户对账，确认好费用后第一时间开票，应收款，每月配合财务跟客户确认未收款。 7.接听客户电话来访：每天接听客户电话，都应做好相应的记录，有异常情况，在核查清楚后 5 分钟之内回复客户。		
1.按规定做好物资设备进出库的验收、记账和发放工作，做到账账相符。 2.随时掌握库存状态，保证物资设备及时供应，充分发挥周转效率。 3.定期对库房进行清理，保持库房的整齐美观，使物资设备分类排列，存放整齐，数量准确。 4.熟悉相应物资设备的品种、规格、型号及性能，填写分明。		

图 2-5 物流管理专业岗位描述及典型工作任务

三、基于招生招工一体化原则，校企联合开展招生工作

（一）校企联合招生，推进招生招工一体化

根据《物流管理专业现代学徒制校企联合招生（招工）实施方案》，结合北京招生工作实际情况和生源特点，采取校企联合自主招生的方式组建学徒班。物流管理专业根据各年级具体情况，分别采用"先招生再招工"和"招生即招工"两种方式。

校企共同开展招生宣传工作，学校负责教学方面的宣传，如专业优势、师资力量、办学条件、学籍管理等；企业负责企业方面的宣传，如企业文化、企业发展史、学徒制企业推进介绍、岗位介绍、企业工作环境及福利条件等。校企双方共同确定考试内容，联合成立学徒制班级，签订学校、企业、学生三方协议，学生具有在校学生和企业员工的双重身份，入班即入企，同时解决了学生的就业问题和企业招工难问题。图 2-6 为 2019 级物流管理专业现代学徒制校企联合招生简章。图 2-7 为 2019 级物流管理专业现代学徒制校企联合招生面试考场。

图 2-6　2019 级物流管理专业现代学徒制校企联合招生简章

图 2-7　2019 级物流管理专业现代学徒制校企联合招生面试考场

（二）签订三方协议，明确学生学徒双重身份

校企共同探索"双主体"协同育人机制。招生（招工）工作结束后，签订现代学徒制校企合作人才培养协议以及学校、企业、学徒三方协议书（见图 2-8 和

图 2-9）。协议明确建立“双主体”育人机制，明确学生具有学生和学徒双重身份，明确校企成本共担的机制，确定三方的责任与义务，实施工学交替、交互训教、岗位成才、多方评价等重点工作，共同做好育人工作。

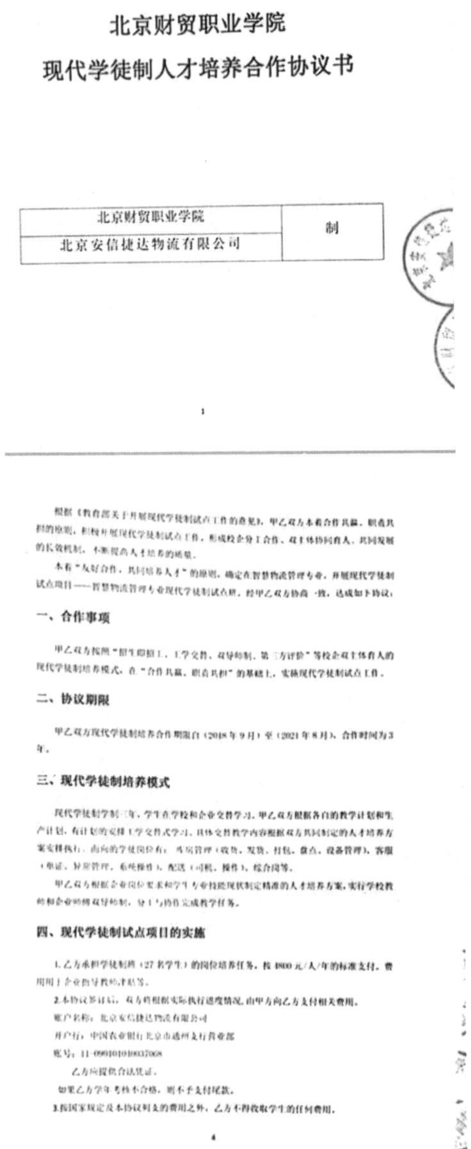

北京财贸职业学院

现代学徒制人才培养合作协议书

北京财贸职业学院	制
北京安信捷达物流有限公司	

1

根据《教育部关于开展现代学徒制试点工作的意见》，甲乙双方本着合作共赢、职责共担的原则，积极开展现代学徒制试点工作，形成校企分工合作、双主体协同育人、共同发展的长效机制，不断提高人才培养的质量。

本着“友好合作，共同培养人才”的原则，确定在智慧物流管理专业，开展现代学徒制试点项目——智慧物流管理专业现代学徒制试点班，经甲乙双方协商一致，达成如下协议：

一、合作事项

甲乙双方按照“招生即招工、工学交替、双导师制、第三方评价”等校企双主体育人的现代学徒制培养模式，在“合作共赢、职责共担”的基础上，实施现代学徒制试点工作。

二、协议期限

甲乙双方现代学徒制培养合作期限自（2018年9月）至（2021年8月），合作时间为3年。

三、现代学徒制培养模式

现代学徒制学制三年，学生在学校和企业交替学习。甲乙双方根据各自的教学计划和生产计划，有计划的安排工学交替式学习，具体交替教学内容根据双方共同制定的人才培养方案安排执行。面向的学徒岗位有：库房管理（收货、发货、打包、盘点、设备管理）、客服（单证、异常管理、系统操作）、配送（司机、操作）、综合岗等。

甲乙双方根据企业岗位要求和学生专业技能现状制定精准的人才培养方案，实行学校教师和企业师傅双导师制，分工与协作完成教学任务。

四、现代学徒制试点项目的实施

1. 乙方承担学徒制班（27名学生）的岗位培养任务，按1800元/人/年的标准支付，费用用于企业指导教师津贴等。

2.本协议签订后，双方将根据实际执行进度情况，由甲方向乙方支付相关费用。

账户名称：北京安信捷达物流有限公司

开户行：中国农业银行北京市通州支行营业部

账号：11-090101010037068

乙方应提供合法凭证。

如果乙方学年考核不合格，则不予支付尾款。

3.按国家规定及本协议列支的费用之外，乙方不得收取学生的任何费用。

4

图 2-8 物流管理专业现代学徒制校企人才培养合作协议

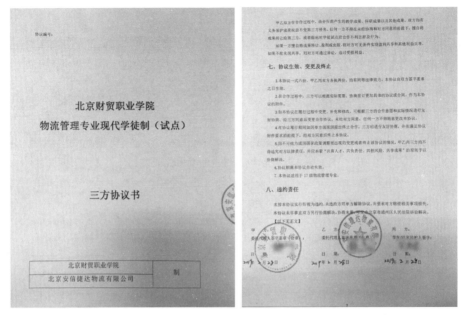

图 2-9 2017 级物流管理专业现代学徒制（试点）三方协议书

四、基于职责共担原则，构建成本共担、资源共享机制

（一）校企共同建立人才培养成本分担机制

校企共同建立人才培养成本分担机制，统筹运用好校内和企业实训资源，形成成本共担、资源共享、优势互补、师资互通的现代学徒制校企长效合作机制。

校企合作协议明确约定，校企双方承担人才培养费用与成本，学校按照每生每年缴纳人才培养费用的80%支付给企业，主要用于企业师傅指导费（津贴），为学生购买意外伤害险等。严格执行学校《现代学徒制项目资金使用管理办法》，保证资金使用的透明和高效。企业负责支付学徒跟岗定岗补贴，为学生购买雇主责任险，免费提供学徒班学生学习材料、工服等。学校支付企业费用凭证和企业发放学徒跟岗津贴交易记录分别见图 2-10 和图 2-11。

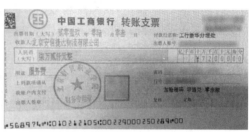

图 2-10 学校支付企业费用凭证

编号	收款方账号	户名	金额	交易状态	备注
1			1,000.00	交易成功	现代学徒制学生津贴
2			1,000.00	交易成功	现代学徒制学生津贴
3			1,000.00	交易成功	现代学徒制学生津贴
4			1,000.00	交易成功	现代学徒制学生津贴
5			1,000.00	交易成功	现代学徒制学生津贴
6			1,000.00	交易成功	现代学徒制学生津贴
7			1,000.00	交易成功	现代学徒制学生津贴
8			1,000.00	交易成功	现代学徒制学生津贴
9			1,000.00	交易成功	现代学徒制学生津贴
10			1,000.00	交易成功	现代学徒制学生津贴
11			1,000.00	交易成功	现代学徒制学生津贴
12			1,000.00	交易成功	现代学徒制学生津贴
13			1,000.00	交易成功	现代学徒制学生津贴
14			1,000.00	交易成功	现代学徒制学生津贴
15			1,000.00	交易成功	现代学徒制学生津贴
16			1,000.00	交易成功	现代学徒制学生津贴
17			1,000.00	交易成功	现代学徒制学生津贴
18			1,000.00	交易成功	现代学徒制学生津贴
19			1,000.00	交易成功	现代学徒制学生津贴
20			1,000.00	交易成功	现代学徒制学生津贴
21			1,000.00	交易成功	现代学徒制学生津贴
22			1,000.00	交易成功	现代学徒制学生津贴
23			1,000.00	交易成功	现代学徒制学生津贴
24			1,000.00	交易成功	现代学徒制学生津贴
25			1,000.00	交易成功	现代学徒制学生津贴

图 2-11 企业发放学徒跟岗津贴交易记录

学校为学生购买意外伤害险如图 2-12 所示。

企业为学生购买雇主责任险如图 2-13 所示。

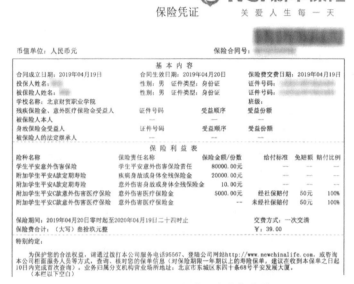

图 2-12　学校为学生购买意外伤害险

图 2-13　企业为学生购买雇主责任险

（二）校企共建学习场所，搭建协同育人平台

学校依据典型工作任务所涵盖的职业技能所需工作环境，运用行业、企业、岗位等元素对现有实训室进行升级改造，建立了集仓储、配送、运输、信息管理等功能于一体的现代物流区，用于服务学徒（学生）校内实践所需。并紧跟智能物流、智慧物流发展脉搏，携手京东物流，集成先进的物流信息技术和硬件资源，打造先进的智慧物流实训中心。

合作企业北京安信捷达物流有限公司在企业设立了共享型校外岗位培训基地与学徒中心。共出资 150 万元，建设了服务于现代学徒制项目的培训教室，并树立明确标识，为学生提供了良好的企业实践教学环境，为学徒制教学提供强有力的支撑，为真正做到岗位培养提供有利条件。

实践证明，共建学习场所的做法极大地树立了学生们加入现代学徒制班级的信心，增强了学生们的归属感和荣誉感，形成了良性培养循环。

校企共建共享实训基地一览表见表 2-1。

表 2-1　校企共建共享实训基地一览表

序号	实训场所名称	基地所在地	校内实践课程/学徒岗位及课程	建设情况	建设经费/万元	合作企业
1	物流作业实训室	学校	仓储运作管理	试点前已建	/	北京安信捷达物流有限公司
2	物流管理实训室	学校	陆路货代实务、海运货代实务、空运货代实务、物流管理信息系统、WMS 软件操作	试点前已建	/	
3	网络营销实训室	学校	采购与供应链管理实务、物流市场营销、电商物流、模拟公司经营训练	试点前已建	/	
4	物流系统规划设计实训室	学校	仓储规划与运作、公路运输实务、物流纠纷处理	新建	53.16	
5	物流实训基地	学校	仓储规划与运作、配送作业管理、冷链物流、物流综合实训	升级改造	154.04	
6	北京财贸职业学院&北京安信捷达物流有限公司电商实训基地	企业	岗位：库房管理岗、配送岗课程：仓储商品管理、进出库业务操作、仓储设施设备管理、仓储运营与安全管理、配送运输计划制订	新建	105.00	
7	北京安信捷达物流有限公司学徒培训教室	企业	岗位：客服岗、综合岗课程：岗位认知、单据操作与管理、客户服务管理、顾客满意度分析、物流运作统计及成本分析	新建	45.00	
			合计		357.20	

五、基于校企互聘共用的管理原则，构建校企"双导师"教学团队

（一）形成校企互聘共用的管理机制

学校与企业成立联合教研室，根据专业教学标准要求，结合行业人才需求和岗位要求，共同研究教学内容，注重实践性和可操作性，真正践行双导师制。这一过程使人才培养的全过程更加贴近企业岗位实际需求，实现岗位成才。

根据学校现代学徒制双导师管理办法，学校与合作企业共同制定了物流管理

专业师傅选拔标准，规范了双导师的选拔、培养、考核、激励制度。通过校企共同遴选，确定了经验丰富的优秀员工和能工巧匠担任企业师傅，负责岗位实践指导，遴选项目经理以上的行业专家作为企业导师，负责学徒岗位技能传授。校内导师负责理论课程的内容传授以及学徒课程期间学生的日常组织和管理。校企双导师团队名单如图 2-14 所示。在学校现代学徒制领导小组的带领下，成立物流管理专业现代学徒制试点工作专班。工作专班配合学校领导小组负责物流管理专业现代学徒制学生的组织、管理、监督、考核等工作。专班不定期召开研讨会，跟进人才培养过程。

北京财贸职业学院物流管理专业现代学徒制
校企双导师团队名单

序号	姓名	工作单位	职称、职务	属性
1.	陈爱军	北京安信捷达物流有限公司	物流总经理	企业导师
2.	程旭东	北京安信捷达物流有限公司	物流经理	企业导师
3.	马海峰	北京安信捷达物流有限公司	项目主管	企业导师
4.	李篇篇	北京安信捷达物流有限公司	项目主管	企业导师
5.	王俊艳	北京安信捷达物流有限公司	项目主管	企业导师
6.	陈凌	北京财贸职业学院	副教授	校内导师
7.	叶靖	北京财贸职业学院	副教授	校内导师
8.	刘华	北京财贸职业学院	副教授	校内导师
9.	陈星野	北京财贸职业学院	讲师	校内导师
10.	罗松涛	北京财贸职业学院	讲师	校内导师

北京财贸职业学院商学院
2019 年 3 月 1 日

北京安信捷达物流有限公司
2019 年 3 月 1 日

图 2-14 物流管理专业双导师团队名单

在物流管理专业学生学徒培养期间，学校选派优秀专业教师作为校内导师，下实习企业指导学生理论学习，并被企业聘为相应部门的经理助理，提高教师实践能力，建设一支专兼结合、校企互评互用的"双师型"优秀教师队伍，提高专业教师的实践能力和教学水平，推动专业教师深入理解专业岗位需求，及时完善和更新相关理论知识。长期规划教师队伍培养目标，不仅要培养一批具有"双师"能力的教学能手、技术骨干，更要推动教师向着企业服务型、行业专家型方向发展。

另外，学校鼓励教师到企业在岗工作，并和企业师傅进行交流，把得到的经验带回学校，推动专业调整与课程改革，增加与企业需求相适应的新兴专业，改革实施学徒制专业的课程，使之更适合于学徒制教学。

（二）隆重举行拜师仪式，增加师徒礼成仪式感

拜师仪式是现代学徒制教学模式的特色环节，同时也是标志性环节。为促进校企联合培养学生的有效性，同时让 2017 级物流管理专业学生真切体会企业学习阶段的重要性和仪式感，学院在学校隆重举行现代学徒制物流管理专业学徒拜师仪式，诚邀企业相关负责人、北京物流与供应链管理协会负责人参会并致辞。会上着重进行学徒拜师礼环节，学徒逐一深鞠躬、行拜师礼，礼成后企业师傅逐一为学徒佩戴学徒证、学校导师为学徒赠送礼物。

企业师傅代表在寄语中表示，作为企业师傅，将会毫无保留地将经验、技能传授给徒弟们，希望同学们学有所成、学有所悟，早日成为新时代的高端技能人才，成为企业的正式员工。学徒代表则表态：我们有幸搭上现代学徒制试点专业的班车，接受校企双主体育人的教学模式，感受校企交替教学的乐趣；我们一定会总结实践中的经验，将问题带回课上反思，在企业学到真本领。

拜师仪式是形式但不仅仅是形式，更是一种奋发向前的总动员，是全力开展学徒制试点工作的有力信号。图 2-15 为现代学徒制拜师仪式现场。图 2-16 为企业教师聘书。

图 2-15　现代学徒制拜师仪式现场

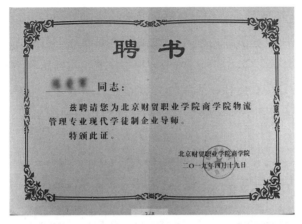

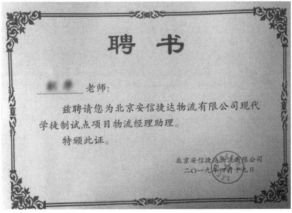

图 2-16　企业教师聘书

六、工学交替、交互训教，实施现代学徒制特色教学过程组织

（一）现代学徒制课程设置

现代学徒制实行"工学交替、交互训教"的教学模式。根据现代学徒制的特点和要求，人才培养方案设计三年内完成认岗、跟岗、轮岗和定岗培养的教学流程安排，学生分别以学生和学徒双重身份在学校与企业场所进行交替学习，学校承担系统的专业知识学习和技能训练，企业承担岗位技能培养。第一学年，全部在校学习文化基础课和专业基础课；第二、三学年，校企交互，学生在校学习专业课，在企业学习企业岗位课程。其中，第三学年企业岗位课程约占全

部课程的 2/3。在校课程由学校专任教师负责，企业岗位课程以企业师傅实践指导为主、学校专任教师引导为辅，开展校企"双导师"教学。学生在身份不断转换的过程中，将理论运用于实践，将实践中发现的问题和积累的经验反哺理论，实现理论和实践双提升，达到反复巩固提升的效果，逐渐具备真实岗位业务能力，实现人才精准培养。校企交互教学课程体系如图 2-17 所示。

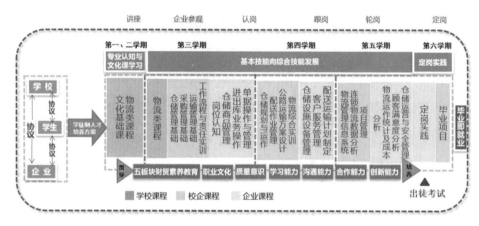

图 2-17　校企交互教学课程体系

（二）双导师管理教学安排

根据人才培养方案中各个学期校内课程和企业岗位课程的设置情况，校企双方共同制订双导师教学时间表。学校负责专业教师的教学时间安排，企业负责企业师傅的教学时间安排，双方共同整合形成双导师教学时间表。以 2017 级物流管理专业第 4 学期教学计划为例，1~8 周为校内授课阶段，9~16 周为企业授课阶段，17~18 周为校内总结阶段，详见表 2-2。

表 2-2　北京财贸职业学院 2017 级物流管理专业现代学徒制教学安排表

序号	周次	课程名称	负责教师	岗位学习内容	课时	授课地点	组织形式
1	第 1~8 周	管理学原理	校内导师		36	学校	
2	第 1~8 周	经济学原理	校内导师		36	学校	整班
3	第 1~8 周	会计学基础	校内导师		36	学校	
4	第 1~8 周	物流市场营销	校内导师		54	学校	

续表

序号	周次	课程名称	负责教师	岗位学习内容	课时	授课地点	组织形式
5	第 1～8 周	采购与供应链管理	校内导师		54	学校	
6	第 1～8 周	ERP 软件操作	校内导师		36	学校	
7	第 1～8 周	WMS 软件操作	校内导师		36	学校	
8	第 9 周	单据操作与管理、仓储商品管理、岗位认知	校企双导师	打单客服	40	企业	
9	第 10 周	单据操作与管理、仓储商品管理	校企双导师	异常处理	40	企业	
10	第 11 周	进出库业务操作、仓储设施设备管理、仓储运营与安全管理、配送运输计划制定、物流综合实训	校企双导师	打包	40	企业	分组轮岗：每组 5 人，按组别依次轮岗
11	第 12 周	进出库业务操作、仓储设施设备管理、仓储运营与安全管理、配送运输计划制定、物流综合实训	校企双导师	发货	40	企业	
12	第 13～14 周	进出库业务操作、仓储设施设备管理、仓储运营与安全管理、配送运输计划制定、物流综合实训	校企双导师	拣货	80	企业	
13	第 15 周	进出库业务操作、仓储设施设备管理、仓储运营与安全管理、物流综合实训	校企双导师	收货	40	企业	
14	第 16 周	进出库业务操作、仓储设施设备管理、仓储运营与安全管理、物流综合实训	校企双导师	入库	40	企业	
15	第 17～18 周	总结与评价	校企双导师			学校	整班

在校期间重点培养学生"爱岗敬业、吃苦耐劳、诚实守信"的精神，始终把素质教育贯穿整个职业教育的全过程。开展多种形式的素质教育活动，如企业文

化宣导、行业发展与职业生涯发展关系探讨、职业素养讲座等，为企业培养学习工作态度端正的专业人才。针对物流管理专业现代学徒制合作企业劳动密集型、基层工作劳动强度大、工作时间长、倒班频繁、工作环境嘈杂等特点，以企业师傅以师带徒的形式在企业中的学徒中心和工作现场进行技能训练，有计划地加强了学生适应性训练，充分体现双导师协同育人的现代学徒制人才培养特征。

（三）基于岗位提炼典型工作任务

校企联合教研工作小组，根据企业真实业务，从职业岗位、工作任务、工作过程、岗位能力及职业素质出发，提炼出基于岗位的典型工作任务，详见表2-3。

表2-3　企业学徒任务明细表

打印　客服流程			
打印	1	概述　演示打单流程	
	2	正常打单 波次清零 依次实操	1. 订单按照储区、波次依次分配
			2. 每天 7 个波次，按波次依次清零
			3. 按波次时间查询异常，及时处理
	3	特殊订单任务分配	1. 京准达、大客户、1 号店等
			2. B2B
			3. 大宗、城配
			4. 退供应商
			5. 商采订单
	4	储位的系统设置 查询异常处理	1. 储位查询
			2. 商品移库
			3. 补货下架
			4. 拣货合流
	5	客户退货操作	1. 核对商品数量及商品是否完整
			2. 系统操作退货入库
			3. 系统上架到相应储位
客服 异常	1	全程监控演示	1. 全程监控覆盖
			2. 监控的使用截取
	2	协助处理打包异常	1. 核实多货、少货
			2. 监控核实确认
			3. 及时处理

续表

3	出库异常核实、处理	1. 工单
		2. 未到货
		3. 应收货
4	耗材、资产的管理与使用	1. 耗材的清点、发放、使用，按天计算，按周提报、申请
		2. 设备使用注意事项及存放
5	数据提取、汇总	1. 单量、库存、人员、耗材、车辆等数量的每日提取
		2. 按月汇总提报

拣货流程

1	领取任务单
2	领取任务单时上面备注 10、11、13、18、20、23 这些号时，拣货必须加速，这些代表生产波次时效
3	按储位、商品数量进行拣货
4	核对储位与商品货物是否一致
5	拣货中整箱放前，小货放箱里，避免货物破损
6	保持货物完整、干净、整洁
7	特殊订单拣货完成后单独交接给打包人员（京准单、B2B、大宗、城配、新通路）
8	液体货物禁止倒置
9	液体产品轻拿轻放，大不压小，重不压轻
10	叉车作业时，远离叉车
11	拣货完成后放置于打包处

打包流程

1	实名制系统登录
2	耗材领取
3	耗材类型：2 号防撕袋，2、3、4、6 号透明袋，1、2、3、4 号防水袋，胶带，签纸，精准达标签
4	扫描任务号
5	复核时禁止单品连扫，避免卡签、少签
6	复核完成后应核对货品数量，避免少货、多货
7	取货扫描时应空手拿货，避免扫描枪无意间扫描其他商品，造成串签
8	打包台上应放复核后的商品，避免商品混乱，造成错发货

续表

9	商品应使用对应的打包袋或纸箱，避免大包装小货，严禁浪费耗材
10	贴签时物品应当保持干净、整洁
11	签纸贴上后一定要有抚标动作
12	特殊订单打包完成后单独交接发货人员（京准达、B2B、大宗、城配）

发货流程

1	发货人员按流向进行托盘码放	
2	流向区分	1～8（通州）
		21～22（亚一）
		12～13（津滨）
		14（天津）
		15（天津）
		9（京安）
		10（固安）
		25～26（唐家岭）
		28（金盏）
3	纸品先对整箱商品进行分拣，再分拣小件，小件放入托盘中心，避免破损	
4	液体产品轻拿轻放，大不压小，重不压轻	
5	对特殊订单，单独交接（京准达、B2B、大宗、城配）	
6	货物码拍不得超过170cm	
7	装车注意先装市内，再装外埠，按市内（1～8、21～22）→外埠（12～13、14、15、25～26、28）→固安（9、10）的顺序	
8	按波次发车	10:05
		11:15
		13:05
		15:05
		18:05
		20:05
		23:05

收货流程

收货前	1. 是否有单据
	2. 检查送货目的地是否为我仓
	3. 是否有安全防护，商品中间有无固定绳索

续表

收货中	1．按照单据清点商品种类、数量
	2．确认商品包装无破损、无污染、无变形
	3．相同品项每托数量是否一致（每层数量、高度）
	4．商品有无倒置
	5．特殊品日期是否在保质期内
	6．效期商品需在单据上注明生产日期
收货后	1．确认无误后，签字[实收数量（大写壹、贰……）、日期]
	2．如有拒收，需在单据明显处，写明数量、原因
	3．拒收商品与司机交接后，由司机带回厂家
入库	1．确认单据上是否有入库单号，如没有及时联系业务解决
	2．打开系统入库类选项（双击点开入库预检，输入订单号）
	3．核实系统上入库单号里的商品品类、数量是否与单据一致（实收以单据为准）
	4．入库完成后，打印验收单
单据整理	1．以单据为准，开具装卸单
	2．每日单据留存一联并录入电脑（以便客户核对）
	3．验收单定期整理并录入电脑（以便客户核对），整理完成后返回业务部

（四）基于典型工作任务形成生产性任务工单

校企教师团队根据本专业人才培养定位和培养目标，结合企业课程，将典型工作任务形成生产性任务工单，在学徒课程授课期间用于每天记录和检验学徒学习的成果。北京安信捷达物流有限公司学徒生产性任务工单示例，详见表2-4。

表2-4　北京安信捷达物流有限公司学徒生产性任务工单示例

学徒姓名	宫××	岗位名称	异常处理			
学徒学号	2017××××××	企业导师	陈×××	学习地点	北京安信捷达物流有限公司	
学习日期	学习内容	师傅评价				备注
		优秀	良好	合格	不合格	
2019.4.22	学习打包异常	√				
	学习工单使用	√				

续表

	未到货异常的处理	√				
校内导师评价	今天的工作内容属于客服异常中的打包异常环节，工作流程为：核实订单是否多货、少货；监控核实确认；及时解决并处理。并学习工单的使用，了解如何处理未到货、应收货等问题。学生需要按照工作流程进行操作、应对，该生顺利完成了任务。 校内导师：陈×× 2019 年 4 月 22 日					
企业导师评价	在打包的环节中，经常会遇到异常情况，处理这些打包异常是一个非常重要的环节。该生学习认真，顺利完成了相关的操作任务。 企业导师：陈×× 2019 年 4 月 22 日					

（五）基于过程管理的现代学徒制企业、导师、学徒手册

为保障和规范现代学徒制班企业课堂的教学、生产顶岗、学生工作的组织，使现代学徒制班各项工作有序进行，校企联合制定了现代学徒制企业手册、导师手册和学徒手册。

● 企业手册示例。

现代学徒制课堂教学日志（企业教学点用）

授课时间		授课地点	
课程名称			
授课内容提要			
训练任务			

学生出勤签到表

序号	学号	姓名	签名	序号	学号	姓名	签名

学校导师签字：　　　　　　　　　　　　企业签字：

● 导师手册示例（图 2-18）。

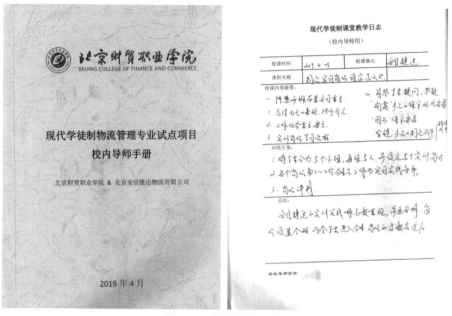

图 2-18　导师手册示例

● 学徒手册示例（图 2-19）。

图 2-19　学徒手册示例

（六）现代学徒制双导师授课现场

企业岗位课程由校企双导师联合教学，以企业师傅实操演示为主、专业教师引导总结为辅，双导师协同，共同研讨制订教学日历，共同记录学徒制手册，共同完成企业课堂教学组织。企业师傅以课程安排为基础，以岗位业务流程为指导，有序安排企业课程，专业教师实行排班跟岗制度，确保每天至少有一名专业教师到现场辅助学徒课程教学。图 2-20 为现代学徒制企业课堂现场。

图 2-20　现代学徒制企业课堂现场

七、基于多元评价机制，引入第三方评价机构

现代学徒制教学模式下，不同于普通课堂的考评机制，企业学徒课程考核评价不能简单套用传统的课程考核方法。第三方介入职业教育质量评价，是我国现代职教治理体系构建的需要，也是建立多元评价机制的需要。我校在学徒课考核方面引入第三方评价机构——中国物流与采购联合会，对学徒、学校以及校企双导师等进行全面综合评价并分别颁发相应评估证书，构建完善且全面的多元化评价机制。

（一）对学生（学徒）评价的多元化

对学生（学徒）的考核评价主要由学校导师、企业导师以及第三方评价机构共同评价。学校与中国物流与采购联合会签订合作协议，对学徒进行职业能力鉴定，采取多元、多维和多样化的考核评价方式，如现代学徒制学徒日志、阶段性总结以及任务工单考核等过程性考核方式，保证考核全面、系统、公正，示例如图 2-21。

图 2-21　现代学徒制学徒日志、阶段性总结、任务工单

现代学徒制物流管理专业试点项目学徒训练阶段性总结

班级：17物流管理　　　　姓名：高洪健　　　　学号：2017318101

学徒时间：2019 年 4 月 日－ 2019 年 6 月 日

学徒企业：北京安信捷达物流有限公司　　学徒岗位 1：打包员

岗位职责	1、对货物进行合理的包装、验货物装袋或装箱，并贴上物流标签。 2、打包时能对检查货品质量（货物包装是否破损、潮湿、货物是否变质等）。 3、打包前应认真仔细核对拣货单上货品名及数量，避免配错货，少配货或多多配货的现象。 4、选择与货物对应的打包袋或装箱箱，避免浪费，打包要做到封口严密避免运输途中包装损坏。 5、接受并完成上级交代的其它工作任务，遵守公司的各项规章制度。 6、如果发现打包错误的话，及时调取监控，通知相关人员，进行恰当的处理。
工作流程	登录系统输入用户名密码，进入系统进行打包。 先扫拣货单上的条码，会出现所有订单的信息，之后对商品进行扫码，然后根据电脑上的商品名称、规格、数量等进行逐一扫货然后对这一个订单之后进行清点数量，避免少货，多货，然后把零散货物进行打包。然后输入包裹数进行出货，之后依次进行贴签，避免贴错，贴签要避免将条码贴在褶缝上，然后把货放在发货区，交验分拣员进行组托、出库。
总结 （800字）	经过这段时间在安信捷达物流有限公司的学习和实践，使我对打包员的岗位有了更多的了解和认识。 打包工作是我在安信捷达接触的第一个岗位，通过一段时间里对打包的学习使我认识到打包工作要对商品有充分的了解，一方面是因为只有对商品有充分的了解才能更迅速的在托盘上找到商品，做到高效率。另一方面是因为对商品有充分的了解才能更好的避免打包过程中出现错货的情况，另外对商品有充分的了解能够更快的选取合适的打包袋和箱子，更好的节约时间，提高效率。 打包工作还需要有足够的细心。因为有许多商品十分相似，容易装错货，还有就是在打包完所有订单货物后，出现多货的话就需要去调监控看是少放货了还是拣货员多拣货了，一定要明确原因，避免不必要的损失。这就考验打包员细心程度了。 打包工作中还有一些注意事项。对于一些私密用品采用防水袋进行包装，对于大宗货物和B2B货物进行特殊处理。贴签要避免将标签的条码贴在褶缝上，避免在运输途中货物磨损而导致条码破损无法扫描的问题，要合理选择包装袋和包装箱，避免不必要的浪费。还有就是一定要注意安全，粘胶带用的封刀和拆箱用的小刀比较锋利，在使用过程中要小心谨慎不要被划伤。在公车中行走时一定要因四周看有没有叉车，并且在仓库不能打闹，要做到安全第一。 在学习打包的过程中我认识到在整个仓库的管理与运营中，ERP系统有非常大的作用，可以说都离不开ERP系统，师傅告诉我京东每年都会对系统进行更新换代，由此可见它的重要性。还使我认识到对商品进行包装的时

图 2-21　现代学徒制学徒日志、阶段性总结、任务工单（续图）

采用现代学徒制学徒考核理论题库、答辩现场以及考核评价表打分等终结性考核方式，示例如图 2-22。

图 2-22　现代学徒制学徒理论题库、答辩现场、考核评价表

图 2-22　现代学徒制学徒理论题库、答辩现场、考核评价表（续图）

采用第三方机构出具的学徒物流职业能力等级证书等第三方评价方式，示例如图 2-23 所示。

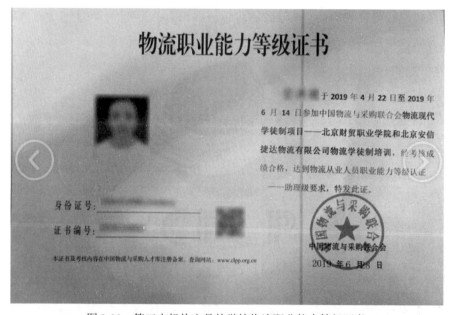

图 2-23　第三方机构出具的学徒物流职业能力等级证书

（二）对导师评价的多元化

对企业和校内导师的评价，主要由学生（学徒）和第三方评价机构共同完成。图 2-24 为现代学徒制企业和校内导师评价表（学徒用表）示例。

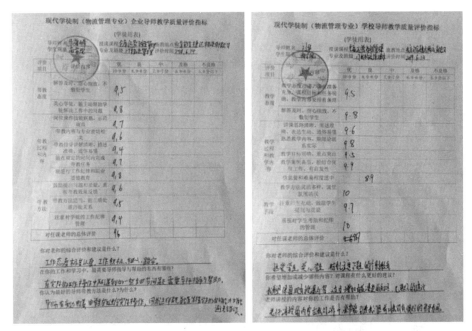

图 2-24　现代学徒制企业和校内导师评价表（学徒用表）

八、校企联合开展课题研究与技术服务

基于物流管理专业现代学徒制试点项目，校企联合开展多项课题研究以及技术研发工作，对提升校企双导师综合素质有着重要作用。校企双方在教学教材、科研项目、技术研发等方面进行联合开发，达到互利双赢的效果。具有代表性的有企业牵头的物流标准化试点项目之"京津冀托盘循环共用平台项目"和学校牵头的科研课题之"基于现代学徒制的校企合作模式研究——以商学院物流管理专业为例"。图 2-25 为校企联合开展技术服务的证明。

中华人民共和国商务部
MINISTRY OF COMMERCE OF THE PEOPLE'S REPUBLIC OF CHINA

关于确定北京市 2016 年物流标准化试点企业的公告

文章来源：北京市商务委员会 2016-09-20 00:00 文章类型：转载 内容分类：新闻

各有关单位：

根据财政部经济建设司、商务部流通发展司和国家标准委服务业标准部《关于组织申报物流标准化试点城市的通知》精神要求，本市已启动物流标准化试点工作，并于 2016 年 9 月 7—14 日在市商务委网站对 36 家拟承担物流标准化试点的企业进行了公示。现公示期已结束，无单位或企业提出异议，确定由公示的 36 家企业开展物流标准化试点工作。

特此公告。

附件

2016 年物流标准化试点企业名单

30.北京九六零物流有限公司
31.北京首航国力商贸有限公司
32.北京丽家丽婴婴童用品股份有限公司
33.北京安信捷达物流有限公司
34.易通交通信息发展有限公司
35.北京黑狗物流有限责任公司
36.北京蓝波绿农科技有限公司

图 2-25 校企联合开展技术服务证明

1. 2016—2019 年校企合作开发基于岗位的电子化数字资源

2016—2019 年，校企合作开发了物流信息系统、第三方物流企业综合实训、运输与配送业务实训、储配业务实训、物流采购业务与实务等 5 门网络电子化课程。

（1）物流信息系统。北京财贸职业学院物流信息系统网络课程首页如图 2-26 所示。

图 2-26 北京财贸职业学院物流信息系统网络课程首页

（2）第三方物流企业综合实训（图 2-27）。

图 2-27　第三方物流企业综合实训课程概要

（3）运输与配送业务实训。北京财贸职业学院运输与配送业务实训网络课程首页如图 2-28 所示。

图 2-28　北京财贸职业学院运输与配送业务实训网络课程首页

（4）储配业务实训（图 2-29）。

图 2-29　储配业务实训课程

（5）物流采购业务与实务。北京财贸职业学院物流采购业务与实务网络课程首页如图 2-30 所示。

图 2-30　北京财贸职业学院物流采购业务与实务网络课程首页

2. 校企合作开发教材

校企合作开发了 5 本教材，包括《采购与供应链管理实务》《仓储作业管理》《公路运输实务》《空运综合方案设计》和《物流仓储与配送实务》，如图 2-31 和图 2-32 所示。

图 2-31　《采购与供应链管理实务》与《仓储作业管理》

图 2-32 《空运综合方案设计》和《公路运输实务》

九、合作共享共赢，校企共建保障机制

（一）制度保障

为保证现代学徒制的顺利实施，北京财贸职业学院商学院在实践中不断完善协议类、制度类、职责类、考核类、方案类文件，确保工作有序有效。

（二）共享共赢

北京财贸职业学院学徒制合作企业分担了部分人才培养成本，学徒还可以获得相应的经济报酬，从而降低了学校直接教育成本，提高了学校人才培养的质量。企业在不损害学生利益、符合国家法律法规前提下，减少了劳务成本，增加了企业收益，与直接招聘熟练工人相比，学徒制能给企业带来更多经济回报，提高了企业参与职业教育的积极性。总之，现代学徒制调和了企业追求经济效益和学校追求教育效益之间的矛盾，实现了质量、成本与收益的平衡，从而达到共享共赢。

案例篇

一、双导师协同，携手共育人

案例 1：双导师协同，携手共育人

北京财贸职业学院商学院物流管理专业是国家示范校重点建设专业。在教育教学过程中，物流管理专业通过选定优质企业，与企业组建联合教研室，共同确定学校技能课程和企业岗位课程同步推进的课程体系，共同制定人才培养方案，确定课程模块、岗位（工种）数量、岗位人数、带教师傅、考评制度等，建设一支专兼结合、校企互聘互用的"双师型"优秀教学团队。

1. 实施背景

物流管理专业教师团队是一支历经国家级示范专业建设、教育部分级制试点专业建设、北京市胡格模式教学实验项目专业建设、教育部现代物流学徒制试点等诸多教学教改历练的优质团队。团队具有高级职称的人数占 90% 以上，具备高级物流师资格人数达 100%。

2. 做法与过程

（1）选定优质企业，共同制定育人方案。通过考察确定北京安信捷达物流有限公司为物流管理专业试点企业，校企共同制定现代学徒制实施方案，完成顶层设计。

（2）课程对接岗位，校企共同构建课程体系。与企业成立联合教研室，共同确定学校技能课程和企业岗位课程同步推进，建立起"课程模块化、内容项目化、项目岗位化"的课程体系架构模型。根据专业教学标准要求，结合行业人才需求和岗位要求，科学、合理提炼岗位核心技能，由行业、企业、学校共同研究教学内容，注重实践性和可操作性。从职业岗位、工作任务、工作过程、岗位能力及职业素质出发，制定课程标准。校企双导师协同合作案例如图 3-1 所示。

学徒制课程名称：进出库业务操作	
北京安信捷达物流有限公司：师傅	北京财贸职业学院：教师
厂家到货接收的现场实操	货物接收前、接收中、接收后的流程与检查内容
商品入库验收上架	验收内容、组托方式，托盘的使用，地牛的安全操作注意事项
订单打印操作	演示订单打印流程，特殊订单任务分配的几种类型，储位的系统设置、查询、异常处理方法，客户退货操作的要领
订单拣货	讲解拣货方式、拣货流程和注意事项
订单打包	打包业务流程讲解及注意事项
订单分拣	分拣的几种方式，特殊商品分拣的方法，装车方法
订单出库	出库的流程，出库注意事项
按照企业业务工作标准考核	按照内容的理解与学习态度考核
师傅带徒弟、岗位训教	在学徒业余时间集体授课

图 3-1　校企双导师协同合作案例

（3）推行双导师制，共建教师培养机制。学徒制企业选派有经验的技术人员做师傅，负责学徒岗位技能的传授。企业建立带班师傅绩效考核制度，将学徒业绩与师傅工资奖金捆绑在一起考核。师傅指导如图 3-2 所示。学生在师傅指导下录入盘点结果如图 3-3 所示。

图 3-2　师傅指导

图 3-3　学生在师傅指导下录入盘点结果

学校在企业设立专业教师流动工作站，选派优秀专业教师做导师，到合作企业挂职锻炼，提高教师实践教学能力，建设一支专兼结合、校企互评互用的"双师型"优秀教师团队。

（4）合作共享共赢，校企共建保障机制。

1）制度保障。为保障现代学徒制的顺利实施，在实践中不断完善相关制度。

2）共享共赢。现代学徒制合作企业分担了部分人才培养成本。

3）成立校企联合教研室。校企联合教研室成员由行业专家、企业专家和学校老师共同组成，共建共享型教学团队，使教研室成为协同育人的常设机构，通过"岗位标准—课程标准—人才标准"的对接，实现教育链、人才链与产业链的对接，破解产学研协同育人的难题。

3. 成效与反响

（1）现代学徒制的实践构建了现代学徒制人才培养模式。

（2）加快了学徒职业发展速度。现代学徒制学生的培养以企业需求为导向，技能培训与企业需求对接，使学生能很快能适应岗位需要，学生就业竞争力和持续发展能力不断提高。

（3）通过实践现代学徒制，进行校企双主体育人，引导学生融入企业文化，培养职业精神，加快学生职业发展速度，培养学生快速成为企业技术骨干。实践现代学徒制还能让教师了解企业生产实际，熟悉岗位要求，提高专业技能，促进教师向企业服务型、行业专家型方向发展。

二、实践现代学徒制，植根企业育人才

案例2：实践现代学徒制，植根企业育人才

北京财贸职业学院物流管理专业是国家示范校重点建设专业。早在示范校建设时期，学院就实施"双主体、全过程、工学一体"的人才培养模式，推行"教师亦教亦工、工人亦工亦教"的校企合作机制。现代学徒制正是这一培养模式的实践和升级。

通过现代学徒制试点，物流管理专业建立了校企深度合作、教师与师傅联合传授、课程内容与职业标准对接、对学生以技能培养为主的人才培养模式。

1. 校企深度合作

（1）选定优质企业，共同制定育人方案。通过考察确定北京安信捷达物流有限公司为物流管理专业试点企业，成立国商物流商学院。校企共同制定现代学徒制实施方案，初步完成顶层设计。共同制订实习计划，确定课程模块、岗位（工种）数量、岗位人数、带教师傅、考评制度等。

（2）课程对接岗位，共同构建课程体系。校企组建课程开发小组，以企业需求为导向，技能培训与企业需求相对接，学校技能课程和企业岗位课程同步推进。建立"课程模块化、内容项目化、项目岗位化"的课程体系架构模型，将所学专业课程分解成若干个模块，再将每个课程模块分解成若干个岗位，每个岗位分解成若干个技能项目，开发学徒制实训项目。

（3）合作共享共赢，校企共建保障机制。为保障现代学徒制的顺利实施，我们在实践中不断完善协议类、制度类、职责类、考核类、方案类文件，确保工作有序有效。比如学校与企业协议，学校、企业、家长三方协议，师傅与学徒协议等。

学院现代学徒制合作企业分担了部分人才培养成本，学徒可以获得相应的经济报酬，降低了学校直接教育成本。企业在不损害学生利益、符合国家法律法规

前提下，减少了劳务成本，增加了企业收益，提高了企业参与职业教育的积极性。总之，现代学徒制调和了企业追求经济效益和学校追求教育效益之间的矛盾，实现了质量、成本与收益的平衡，从而达到共享共赢。

2. 教师与师傅联合传授

北京财贸职业学院物流管理专业教师团队是一支历经国家级示范专业建设、教育部分级制试点专业建设、北京市胡格模式教学实验项目专业建设、教育部现代物流学徒制试点等诸多教学教改历练的优质团队。团队具有高级职称的人数在90%以上，具备高级物流师资格的达100%。在现代学徒制实施过程中，学院在企业设立专业教师流动工作站，选派优秀专业教师做导师，到合作企业挂职锻炼，提高教师实践能力。

安信捷达选派技术人员做师傅，负责实习生岗位技能传授。企业建立带班师傅绩效考核制度，将学徒业绩与师傅工资奖金捆绑在一起考核。同时，学校鼓励企业选派有实践经验的行业、企业专家、高技能人才和能工巧匠等担任学校的兼职教师。

3. 课程内容与职业标准对接

根据专业教学计划，结合行业人才需求和岗位要求，科学、合理地提炼岗位核心技能，由行业、企业、学校共同研究制订实习计划与实习大纲，对照物流行业职业标准，编写具有鲜明职业特色的教学内容，注重实践性和可操作性。从职业岗位、工作任务、工作过程、岗位能力及职业素质出发，制定了实训课程标准。

4. 对学生以技能培养为主

现代学徒制学生的学习以企业需求为导向，技能培训与企业需求对接。现代学徒制将学校本位教育与工作本位培训紧密结合，强化学生多岗位学习与锻炼，实现核心岗位达到中级工以上标准、其他岗位达到初级工以上标准要求，引导学生融入企业文化，培养职业精神，加快学生职业发展速度，学生的就业竞争力和持续发展能力不断提高。

现代学徒制的实践基本构建现代学徒制人才培养模式，即政府、学校、企业"三元管理机制"，课程模块化、内容项目化、项目岗位化的"三化课程体系"，在校学习、轮岗实训、顶岗实习的"三段育人过程"。

三、校企联合，招生招工一体化

案例3：现代学徒制招生招工一体化

对于高职院校的物流管理专业，若脱离行业企业，只进行通识类教育，会对就业造成不良的影响，失去准确的人才培养定位，最终将会被市场所淘汰。因而，完善职业院校招生录取和企业用工一体化的招生招工制度，推进校企共同研制、实施招生招工方案，对于高职院校物流管理专业践行现代学徒制就显得尤为重要。

1. 现代学徒制的定义

现代学徒制是传统学徒培训与现代职业教育相结合，以"招工即招生、入企即入校、企校双师联合培养"为主要内容的校企联合人才培养机制，是产教融合的基本制度载体和有效实现形式。在现代学徒制人才培养机制中，学徒具有双重身份，他们既是学校的学生，也是企业的员工。

2. 工作原则

深入贯彻落实全国职业教育工作会议精神，坚持服务发展、就业导向，在校企深度合作的基础上，以培养学生的职业精神和职业能力为核心，以建立校企联合招生招工为突破口，以建立稳定的企校"双师"联合传授知识与技能为关键，逐步建立现代学徒制的高技能人才培养机制，不断提升高技能人才培养质量。

现代学徒制招生招工模式主要有以下几种。

第一，先招工后招生。即基于校企合作，在签订联合培养协议的基础上，由企业负责招收符合自身需求的员工，并与员工签订培养协议、用工协议。而后，将企业所招聘的合格员工送到合作学校，由学校对其进行培养，但培养内容必须符合联合培养协议要求。继而，当员工完成学习任务后，可从学生角色转换为企业员工。运用此种招生招工模式，企业具备一定的自主选择权，因此可激发企业人才培养积极性。

第二，招生招工同步进行。在企业与学校签署联合培养协议的基础上，由双方共同完成招生和培养工作。此种招生招工模式是在学生入学和求职前便已了解企业合作项目的情况下进行的。同时，企业单位将参与到学生考核、录取等各个环节中，对学生职业能力培养进行指导。

第三，先招生后招工。学校将参照招生制度录取新生，待学生入学后，由企业和学校共同负责对学生的培养工作，并向学生传达现代学徒制人才培养目的、过程、特点、学生权利义务等等。然后，由企业提供岗位、待遇、职业规划，让学生主动参与企业人才选拔工作。

3. 工作目标

推进招生招工一体化，推进校企共同研制、实施招生招工方案。根据不同生源特点，实行多种招生考试办法，为接受不同层次职业教育的学徒提供机会。规范职业院校招生录取和企业用工程序，明确学徒的企业员工和职业院校学生双重身份，按照双向选择原则，学徒、学校和企业签订三方协议，明确各方权益及学徒在岗培养的具体岗位、教学内容、权益保障等。培养学生的综合能力，其中，培养和提高学生的专业技能是核心目标；培养学生做人做事的能力、团队合作的精神，使学生的专业技能达到高级工的要求。经过三年努力，基本形成"政府、企业、学校"三元合一的学徒制管理体系，探索创建"学徒—学生—员工"三位一体的人才培养模式。逐步建立学生质量标准化体系和质量监督评价体系。全面提高学生实习专业对口率，切实提高学生岗位技能。

4. 联合招生招工方式

（1）学校联合合作企业，依据校企双方实际情况与需求，制定校企联合招工招生方案，并签订《校企联合培养框架协议》。

（2）做好招生招工宣传相关工作，由学校主要负责生源招聘工作，企业进行协助。学校负责教学方面的宣传（包含但不限于专业优势、师资力量、办学条件、学籍管理等），企业负责企业方面的宣传（包含但不限于企业文化、企业发展史、学徒制企业推进介绍、岗位介绍、企业工作环境及福利条件）。

（3）新生报到两周内在合作企业对口专业中展开现代学徒制报名工作，学生经家长同意并且有家长（监护人）签字确认《现代学徒制知情同意书》后进行报名。

（4）学校联合企业进行面试筛选，现代学徒制班级组建人数为40人，录取分面试和笔试，笔试按照入学成绩，面试按照百分制进行，面试和笔试成绩按照5:5核算，按照最后成绩从高到低依次排序录取，如果成绩相同，以面试成绩高者优先录取，录取人员体检合格后，下发录取通知书。

（5）录取后的学生单独组成现代学徒制班级，并且由学校、企业、学生及学生家长（监护人）签订现代学徒制三方协议书。

（6）现代学徒制班级学生拥有双重身份，既是学校的在籍学生，又是企业的准员工，由学校和企业共同进行管理和培养，享受企业准员工待遇。

5. 毕业就业

（1）学徒经学校与企业考核合格后颁发毕业证书和技能等级证书，并可以与企业签订劳动合同。

（2）学徒毕业后，与公司签约的，予以视同正式员工待遇，无须再经过企业考核期。

（3）学徒毕业后，与公司签约的，直接进入公司基层管理、技术后备，作为公司的骨干人才进行培养和储备。

成果篇

一、多措并举，人才培养效果显著

1. 全面实行学徒模式，学生学科综合成绩大幅提升

经过现代学徒制试点项目教学改革模式的实施，人才培养质量显著提升，学生学科成绩大幅提升。2017—2018 学年学徒班 5 名学生获得学校综合奖学金，获奖率达 20%，具体名单见表 4-1。本学年评审结果尚未公示。

表 4-1 2017—2018 学年财贸综合奖学金评审结果公示

1	商学院	刘如新	2017 物流管理	2017318102	一等
2	商学院	王治郅	2017 物流管理	2017318119	二等
3	商学院	王 静	2017 物流管理	2017318105	二等
4	商学院	沈 政	2017 物流管理	2017318112	三等
5	商学院	王欣然	2017 物流管理	2017318104	三等

2. 以赛促教，以赛促改，全面提升学徒职业能力

经过现代学徒制试点项目教学改革模式的实施，学生专业技能明显提升，学科成绩与职业技能双提升。近两年，学徒班同学代表学校参赛，连续两年获得北京市高职院校技能大赛智慧物流作业方案设计与实施赛项一等奖，2018 年度获得全国职业院校技能大赛智慧物流赛项团体三等奖，获奖证书如图 4-1 所示。

3. 学徒制班 5 名学生获赴德研修资格

2017 级物流管理学徒班同学经过学徒制模式培养，同时经过胡格教学模式教学，经过北京市层层选拔，最终 5 名学生获得 2019 年赴德国研修的资格，人才培养质量显著提升。

4. 学徒制班学生满意度和就业质量显著提升

通过现代学徒制模式培养，物流管理专业学生满意度、就业率和就业质量明显提升。《北京财贸职业学院 2019 年毕业生就业质量报告》显示，该校物流管理专业学生就业率近 98%，平均年薪排名全校第二名，对本专业课程设置满意度、就业、五险齐全比例和求职积极性均排名全校第三名，学生对培养质量满意度排名全校第六名，如图 4-2 所示。

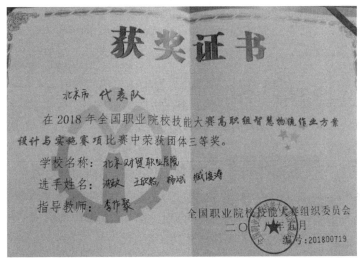

图 4-1　2018 年度全国职业院校技能大赛智慧物流赛项三等奖证书

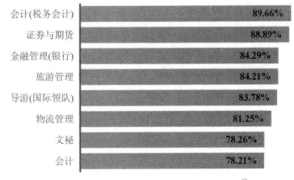

会计(税务会计) 89.66%
证券与期货 88.89%
金融管理(银行) 84.29%
旅游管理 84.21%
导游(国际领队) 83.78%
物流管理 81.25%
文秘 78.26%
会计 78.21%

图 4-2　物流管理专业就业质量情况①

从专业来看，平均落实年薪较高的前三个专业依次为学生对培养质量满意度排名酒店管理（11.20 万元）、物流管理（10.77 万元）和旅游管理（10.71 万元）。与期望年薪相比，证券与期货专业毕业生年薪落差最大，市场营销（珠宝鉴定与营销）专业毕业生年薪落差最小。

---

① 数据截图来源：2019 年毕业生就业质量报告。

从专业来看，五险齐全比例较高的前三个专业依次为市场营销（珠宝鉴定与营销）（100.00%）、酒店管理（100.00%）和物流管理（94.74%）。

从专业来看，连锁经营管理（100.00%）、证券与期货（95.45%）和物流管理（94.74%）专业毕业生认为自己求职积极的比例较高。

就专业而言，对本专业课程设置满意度比例较高的前三个专业为金融与证券（商业银行）（83.33%）、市场营销（珠宝鉴定与营销）（78.79%）和物流管理（75.00%）。

对学生培养质量满意度比例较高的前三个专业为会计（税务会计）（89.66%）、证券与期货（88.89%）和金融管理（银行）（84.29%）。

二、校企协同，形成一系列教科研成果

学院和企业合作出版了诸多作品，包括专著、教材和论文，其一览表分别见表 4-2 至表 4-4。

表 4-2　校企合作出版专著一览表

序号	著作名称	类别	出版单位	出版日期	所有作者
1	品牌竞争力——数字经济时代商业品牌理论与实战	专著	中国商务出版社	2020-06-30	王春娟，蔡蕊，赖阳，韩凝春，赵挺，康健，李馥佳
2	工会与企业文化建设	专著	清华大学出版社	2017-01-01	王成荣，张慧，乔东，李彦芳，尹颖汤
3	零售商业模式研究	专著	经济日报出版社	2015-08-01	张艳，米锦欣，于继超，蔡顺峰，张慧

表 4-3　校企合作出版教材一览表

序号	著作名称	类别	出版单位	出版日期	所有作者
1	国际货运与保险	教材	北京大学出版社	2013-03-01	蔡蕊
2	公路运输实务	教材	中国水利水电出版社	2019-04-01	付丽茹
3	采购与供应链管理实务	教材	中国水利水电出版社	2019-03-01	刘华
4	空运综合方案设计	教材	中国水利水电出版社	2019-03-01	王艳
5	仓储作业管理	教材	中国水利水电出版社	2019-06-01	叶靖

表 4-4　校企合作论文一览表

序号	论文题目	第一作者	发表/出版时间	发表刊物/论文集	刊物类型
1	第四次零售革命——流通的变革与重构	王成荣	2015-2-18	商业经济研究	核心期刊
2	零售革命背景下百货店的转型与创新	王成荣	2015-7-15	商业经济研究	核心期刊
3	破除三道藩篱 深化职教改革	王成荣	2015-10-22	中国高等教育	核心期刊
4	高职财经商贸类专业上班式课程体系创新与实践	李宇红	2016-04-05	中国职业技术教育	核心期刊
5	我国劳动力市场中的过度教育表现和成因的实证研究	刘璐宁	2016-04-12	教育学术月刊	核心期刊
6	"双高计划"背景下技术技能人才新内涵研究	李宇红	2020-09-10	北京经济管理职业学院学报	一般期刊
7	新零售激发"智慧门店"人才新需求	洪旭	2020-03-31	现代商业	一般期刊
8	校企合作背景下现代学徒制双主体育人模式研究	张慧	2020-02-05	时代经贸	一般期刊
9	校企合作模式下高职连锁人才培养方案研究	洪旭	2019-06-06	中国市场	一般期刊
10	高职院校校企合作模式研究文献综述	洪旭	2017-11-27	教育现代化	一般期刊

三、辐射推广，形成现代学徒制专业群

物流管理专业在实施现代学徒制教学模式的过程中，将学徒制教学模式中的典型做法，如校企合作、交互训教等逐步推广应用到商学院其他专业，目前已推广到连锁经营管理、市场营销、工商企业管理和电子商务等专业，形成现代学徒制专业群。连锁经营管理专业与永辉超市联合进行现代学徒制试点，实施工学交替、校企交替教学的学徒制教学模式；工商企业管理和电子商务专业与沃尔玛联合实施的企业课堂正是校企双主体协同育人的典型表现。不仅如此，市场营销专业采用现代学徒制的模式与企业联合申报了北京市第一批实训基地（工程师学院）——菜百商学院，目前已成功获批，该基地成为商学院实行现代学徒制的特色学院。菜百商学院获批公示如图 4-3 所示。工商企业管理专业与沃尔玛合作的校企双主体育人企业课堂如图 4-4 所示。

北京市教育委员会
北京市发展和改革委员会
北京市财政局文件
北京市人力资源和社会保障局
北京市人民政府教育督导室

京教职成〔2019〕3号

关于公布北京市特色高水平职业院校
及第一批特色高水平骨干专业（群）和
实训基地（工程师学院、技术技能大师工作室）
建设名单的通知

第一批北京市职业院校实训基地（工程师学院、技术技能大师工作室）建设名单

序号	项目名称	院校名称	合作单位名称
1	华为信息与网络工程师学院	北京工业职业技术学院	华为技术有限公司
2	针送蓝景泰蓝工作室	北京电子科技职业学院	北京市珐琅厂有限责任公司
3	北京奔驰汽车制造工程师学院	北京电子科技职业学院	北京奔驰汽车有限公司
4	首都航天智能制造工程师学院	北京市工业技师学院	首都航天机械有限公司
5	京东智能设备工程师学院	北京工业职业技术学院	京东大学
6	菜百商学院	北京财贸职业学院	北京菜市口百货股份有限公司
7	首农西郊农场园艺工程师学院	北京农业职业学院	北京市西郊农场有限公司
8	西门子智能制造工程师学院	北京经济管理职业学院	西门子（中国）有限公司
9	北京工艺美术师学院	北京市工艺美术高级技工学校	北京工美集团有限责任公司
10	肖永亮数字视效工作室	北京经济管理职业学院	凤凰数字媒体产业教育集团
11	王进友智能制造工作室	北京市工贸技师学院	中国航天科技集团公司五院卫星制造厂

图4-3　菜百商学院获批公示

走进世界500强 商学院学生进入沃尔玛企业课堂

文:张慧 图:沃尔玛员工提供 来源:商学院
责编:李虹 发布时间:2019-3-12

图 4-4 工商企业管理专业与沃尔玛合作的校企双主体育人企业课堂

企业课堂、训练营等多形式的校企合作方式被《北京教育》杂志刊中刊专题报道，多家网络媒体争相宣传推广，辐射带动首都地区乃至全国各地。

探索中国特色的现代学徒制，遵循现代学徒制的基本特征，工学交替，在岗成才，双元育人，交替训教，以培养高素质技术技能人才为目标，在制度上设计符合院校、企业实际的内容，在操作上施行对学生、院校、企业有利的方式，走出一条特色之路。

参考文献

[1] 广东省教育厅，广东省教育研究院．广东特色现代学徒制理论与实践探索[M]．广州：广东高等教育出版社，2017：217-246.

[2] 赵鹏飞，现代学徒制"广东模式"的研究与实践[M]．广州：广东高等教育出版社，2015：6-63.

[3] 广东省教育研究院．现代学徒制专业教学标准和课程标准开发指南[M]．广州：广东高等教育出版社，2018：25-43.

[4] 赵鹏飞，李海东，张志，等．广东特色现代学徒制实践探索与未来趋向[J]，中国职业技术教育，2019，7（20）：5-12.

[5] 赵鹏飞．现代学徒制人才培养的实践与认识 [J]．中国职业技术教育，2014（21）：150-154.

[6] 龚小涛，赵鹏飞，石范锋．"双高计划"背景下全面推行现代学徒制的路径研究[J]．中国职业技术教育，2019（33）：39-43.

[7] 高志研．现代学徒制框架基本形成改革任务仍需压紧、落实[J]．中国职业技术教育，2018（4）：37-41.

[8] 杨丽波，王丹．企业参与现代学徒制激励机制的国际经验及启示[J]．职业技术教育，2019（20）：74-79.

[9] 向奕，游秋琳，肖兆飞．财经商贸类现代学徒制推进的问题与策略研究[J]．成都航空职业技术学院学报．2019.

[10] 刘晶晶．我国高职院校实施现代学徒制的现状及完善路径研究[D]．武汉：湖北工业大学，2019.

[11] 张启富．高职院校试行现代学徒制：困境与实践策略[J]．教育发展研究，2015（3）：45-51.

[12] 张启富，邬琦姝．我国高职教育推行现代学徒制的对策思考——基于 32 个试点案例的实证分析[J]．中国职业技术教育，2017（29）．

[13] 李政．职业教育现代学徒制的价值研究——知识论视角．上海：华东师范

大学[D]，2017.

[14] 刘琳琳."现代学徒制"人才培养模式实施现状及对策研究——以天津市三所试点高职院校为例[D]. 天津：天津职业技术师范大学，2018.

[15] 王兆华，许世建. 利益相关者视角下职业教育校企合作财税支持政策研究[J]. 职业技术教育，2019（18）：48-53.

[16] 万伟平. 职业教育校企合作长效机制的形成机理——基于利益相关者理论的视角[J]. 广东技术师范学院学报，2018（5）：14-16.

[17] 陈伟. 利益相关者视域下应用型院校校企合作探析 [J]. 教育与职业，2018（20）：64-67.

[18] 詹华山. 现代学徒制校企合作中的利益冲突与平衡机制构建[J]. 教育与职业，2017（23）：17-20.

[19] 杜启平，熊霞. 高等职业教育实施现代学徒制的瓶颈与对策[J]. 高教探索，2015（03）：74-77.

[20] 汤霓，王亚南，石伟平. 我国现代学徒制实施的或然症结与路径选择[J]. 教育科学，2015（5）：85-90.

[21] 钟葳. 现代学徒制人才培养模式研究——以高职市场营销专业为例 [J]. 环球市场，2016（5）：79-79.

[22] 柯沪芬. 高职物流管理专业实施现代学徒制研究——以西安职业技术学院物流管理专业为例[J]. 物流技术，2015，34（13）：316-318.

[23] 吴呤颖，秦炳旺. 高职院校现代学徒制的实施基础与推进策略[J]. 中国职业技术教育，2016（30）：86-91.

[24] 赵志群. 建立类似现代学徒制的职业教育制度[J]. 职业技术教育，2014（15）：24-24.

[25] 岑华锋. 现代职业教育体系视角下现代学徒制构建研究[J]. 职教论坛，2013（16）：30-33.

附录

为深入落实现代学徒制物流管理专业试点工作，北京财贸职业学院校院两级分别制定了一系列现代学徒制保障制度。商学院根据学校现代学徒制相关管理办法，制定了《物流管理专业现代学徒制试点项目管理方案》《物流管理专业现代学徒制校企联合招生招工工作方案》，与合作企业共同制定了《物流管理专业师傅现代学徒制企业选拔标准》等一系列制度，推动物流管理专业学徒制试点工作的规范与落实。

一、北京财贸职业学院现代学徒制系列管理制度

为保障现代学徒制试点项目顺利开展，北京财贸职业学院高度重视，组建了专项领导小组，全力做好顶层设计，制定了一系列现代学徒制相关管理办法，详见附表 1-1 和附表 1-2。

附表 1-1　北京财贸职业学院现代学徒制管理办法一览表

序号	文号	管理办法
1	北财院教发〔2019〕14 号	北京财贸职业学院关于制定现代学徒制专业人才培养方案的指导意见
2	北财院人发〔2019〕77 号	北京财贸职业学院现代学徒制"双导师"教师管理办法
3	北财院招发〔2019〕5 号	北京财贸职业学院现代学徒制招生（招工）管理办法（试行）
4	北财院督发〔2019〕8 号	北京财贸职业学院《现代学徒制人才培养质量监控管理办法（试行）》
5	北财院督发〔2019〕9 号	北京财贸职业学院《现代学徒制人才培养质量第三方评价办法（试行）》
6	北财院学发〔2019〕26 号	北京财贸职业学院现代学徒制学徒（学生）管理办法
7	北财院学发〔2019〕27 号	北京财贸职业学院现代学徒制试点项目学徒（学生）安全管理细则（试行）

附表 1-2　现代学徒制的管理制度细则表

序号	部门	现代学徒制的管理制度细则
1	商学院	物流管理专业现代学徒制校企联合招生招工工作方案
2	商学院	物流管理专业现代学徒制试点项目管理方案
3	商学院	物流管理专业现代学徒制企业师傅选拔标准
4	商学院	物流管理专业现代学徒制教学督导工作办法
5	商学院	物流管理专业现代学徒制教学质量监控方法
6	商学院	物流管理专业现代学徒制试点项目考核评价办法（试行）
7	商学院	物流管理专业现代学徒制学校导师教学质量评价指标
8	商学院	学徒安全管理细则

二、物流管理专业现代学徒制招生招工工作方案

北京财贸职业学院物流管理专业
现代学徒制校企联合招生招工工作方案

根据《国务院关于加快发展现代职业教育的决定》（国发〔2014〕19 号）、《教育部关于开展现代学徒制试点工作的意见》（教职成〔2014〕9 号）和《北京财贸职业学院现代学徒制招生（招工）管理办法（试行）》的总体要求，结合我院现代学徒制试点物流管理专业以及合作企业的实际情况，制订本实施方案。

1. 组织领导

成立"现代学徒制招生（招工）工作实施小组"，全面指导协调现代学徒制开展的各项工作。

组长：二级学院院长。

副组长：教学科研副院长、学生副院长、合作企业负责人。

成员：相关专业负责人、任课教师、教学秘书、辅导员、企业相关部门人员（企业师傅）。

2. 生源类型

现代学徒制物流管理专业生源类型主要分为两类：

（1）先招生再招工。针对已入校的物流管理专业的学生，在大一结束前，开

展成立"现代学徒制班"宣传、考核、录取工作。

（2）招生即招工。针对未入学新生，采取一入校即采用现代学徒制招生宣传、考核、录取工作的方式进行招生。

3. 组织实施

（1）招工招生。

1）"先招生再招工"实施方案。

A. 校企共同开展招生宣传工作。

在学生大一结束前一个月，学校组织相关专业学生进行"现代学徒制班"选拔报名动员，学校负责解释现代学徒制相关政策、办学优势、学籍管理等，企业负责宣传企业（包含但不限于企业文化、企业发展史、学徒制企业推进介绍、岗位介绍、企业工作环境及福利条件）。

B. 学生自愿报名。

学生经家长同意并且由家长（监护人）签字确认《现代学徒制知情同意书》后进行报名。

C. 校企双方共同确定考试内容。

采用笔试+面试的方式进行录取，学校联合企业进行面试筛选，确定现代学徒制班级组建人数，录取分面试和笔试，笔试按照实际成绩，面试按照百分制进行，面试和笔试成绩按照1:1核算，按照从高到低依次排序录取，如果成绩相同，以面试成绩高者优先录取。二级学院将成绩报送学校招办，由招办统一负责最后的录取工作，录取人员提供体检合格证明后，下发录取通知书，建立台账。

D. 签订学校与企业、学生与企业两份协议（合同）。

协议（合同）明确界定各方的权利和义务，录取后的学生单独组成现代学徒制班级。现代学徒制班级学生拥有双重身份，既是学校的在籍学生，又是企业的准员工，由学校和企业按照双方联合制定的现代学徒制人才培养方案共同进行管理和培养，享受企业准员工待遇。

2）"招生即招工"实施方案。

A. 校企共同开展招生宣传工作。

在学生报考我校之初，学校在招生简章、招生咨询等方面即体现现代学徒制招生事宜与特点，校企共同开展招生宣传工作。学校负责教学方面的宣传（包含但不限于专业优势、师资力量、办学条件、学籍管理等），企业负责企业方面的宣传（包含但不限于企业文化、企业发展史、学徒制企业推进介绍、岗位介绍、企业工作环境及福利条件）。

B．报名与考核。

学生经家长同意并且由家长（监护人）签字确认《现代学徒制知情同意书》后进行报名。学校组织报考现代学徒制试点专业的学生参加单独考核。

C．校企双方共同确定考试内容。

采用笔试+面试的方式进行录取，学校联合企业进行面试筛选，确定现代学徒制班级组建人数，录取分面试和笔试，笔试按入学成绩，面试按照百分制进行，校企共同组织面试。面试和笔试成绩按照 1:1 核算，按照从高到低依次排序录取，如果成绩相同，以面试成绩高者优先录取。二级学院将成绩报送学校招办，由招办统一负责最后的录取工作，录取人员提供体检合格证明后，下发录取通知书，建立台账。

D．签订学校与企业、学生与企业两份协议（合同）。

录取后的学生即组成现代学徒制班级，签订学校与企业、学生与企业两份协议（合同），协议（合同）明确界定各方的权利和义务。现代学徒制班级学生拥有双重身份，既是学校的在籍学生，又是企业的准员工，由学校和企业按照双方联合制定的现代学徒制人才培养方案共同进行管理和培养，享受企业准员工待遇。

（2）毕业与就业。

1）学徒经学校与企业考核合格后颁发毕业证书和技能等级证书，并与企业签订劳动合同。

2）学徒毕业后，与公司签约的直接进入公司基层管理、技术后备，作为公司的骨干人才进行培养和储备。

4．管理与考核

（1）时间安排。学生的培养将企业的实践培训和学校的课堂教学有机结合起来，采取校企交替教学的方式进行。具体的教学安排为：第一至三学期，学生在校学习，定期邀请企业专家来校开展讲座、任教，辅以不定期组织学生赴企业参观体验学习；第三至六学期，学生在企业和学校交替场所进行学习和跟岗训练。

（2）课程设置。以"公共课程+核心课程+教学项目"为课程设置模式展开教学。公共课程着眼于基础性、应用性和发展性，为后续专业课程展开提供教学服务；核心课程按照企业的用人需求与岗位的资格标准来设置，可根据企业的需求适当增减；教学项目由职教专家、企业人员和专业教师共同努力开发，适合学生进行专业实训。

（3）学生管理。教学管理：企业全程参与学徒的教学，并派遣技术人员担任兼职教师，以及指派能工巧匠担任学徒师傅。同时，学校与企业制定教学质量监控机制，对教师和师傅进行考核。

日常管理：学生在校期间受学校和企业双重管理。学生在校期间，企业和学校积极配合，密切关注学生的学习和生活。同时，企业设立奖学金，奖励品学兼优的学徒。

（4）考核办法。考核分为三个方面：财贸素养、学习业绩和师傅评价。对学徒的考核每学期一次，其中财贸素养占总成绩20%，学习业绩占总成绩40%，师傅评价占总成绩40%。（学徒在企业跟岗期间的考核另行制定详细考核方案。）

5. 本方案自2019年3月1日开始实施。本办法下发后，以前相关文件废止，解释权在二级学院。

三、物流管理专业现代学徒制三方协议

物流管理专业现代学徒制三方协议书

甲方（学校）：

地　　址：

法定代表人：

项目联系人：

联系电话：

乙方（企业）：

地　　址：

法定代表人：

项目联系人：

联系电话：

丙方（学生/学生家长）：＿＿＿＿＿＿＿＿＿＿＿＿＿＿＿＿＿＿＿＿＿＿

地　　址：＿＿＿＿＿＿＿＿＿＿＿＿＿＿＿＿＿＿＿＿＿＿＿＿＿＿＿＿

身份证号：＿＿＿＿＿＿＿＿＿＿＿＿＿＿＿＿＿＿＿＿＿＿＿＿＿＿＿＿

法定监护人：＿＿＿＿＿＿＿＿＿＿＿＿＿＿＿＿＿＿＿＿＿＿＿＿＿＿＿

联系电话：＿＿＿＿＿＿＿＿＿＿＿＿＿＿＿＿＿＿＿＿＿＿＿＿＿＿＿＿

北京财贸职业学院（以下简称"甲方"）及简介

北京财贸职业学院（北京市财贸管理干部学院）创建于 1958 年，是市属公办普通高等学校和国家示范性高等职业院校，是首都文明单位、北京高校平安校园示范校、全国毕业生就业典型经验高校、全国创新创业典型经验高校。现有校本部（通州）、东城、朝阳、涿州四个校区，总占地面积 450.7 亩。教职工 670 余人，全日制在校生 5300 余人。

学校设有立信会计学院、金融学院、商学院、旅游与艺术学院、建筑工程管理学院、国际教育学院（国际交流中心）、马克思主义学院（素养教育部）、人文学院、继续教育学院（东城校区）、贯通基础教育学院（朝阳校区）、京冀创新教育学院（涿州校区）十一个二级学院和商业研究所、高职研究所两个研究机构；共设置会计、金融管理、连锁经营管理、电子商务、物流管理、旅游管理、空中乘务、会展策划与管理、建设工程管理、工程造价等 25 个专业。在财贸高端技能型人才培养上拥有较强的实力，享有较高的社会声誉。

学校坚持以立德树人为根本，以服务发展为宗旨，以就业为导向，充分利用地处北京城市副中心、京冀多校区办学的区位优势，主动适应首都经济社会发展的需求，为首都现代服务业发展提供人才支撑和智力服务。

北京安信捷达物流有限公司（以下简称"乙方"）及简介

公司成立于 2005 年 1 月，注册资金 3000 万元，总部设在北京，旗下有 11 个分公司，分别位于北京顺义、天津、青岛、潍坊、太原、石家庄、郑州、沈阳、呼和浩特、承德和北京朝阳，是一家集仓储保管、城市配送、电子商务、运输（含集装箱冷藏保鲜专用运输、海关监管货物运输）、物流信息服务、校企合作于一体的跨区域、网络化、信息化，并具有供应链管理能力的综合型物流企业。公司是物流标准化试点单位，交通运输企业安全生产标准化达标单位，中国物流与采购联合会理事会员，4A 级物流企业，质量管理体系（ISO 9001：2015）获证单位，政府指定"城市货运保障绿色车队"。

公司配套设施健全，仓储面积 80000 多平方米，自有（含外协）金杯封闭货车、厢式货车、飞翼车、敞篷车、集装箱冷藏保鲜专用运输车、海关监管运输车等不同车型 300 多台，市内配送车辆均安装有升降尾板，并有交管部门核发的货车通行证；仓储有先进的 WMS 管理系统。城市配送以大型商超为主，公路干线运输以华北地区为主，全面开拓了全国各地的整车、零担业务，开设了多条长途专线及短途专线，做到天天发车、准点发车、准点到达，保证安全、快速、优质、高效。

公司始终秉承"精诚服务，追求卓越"的经营理念服务广大客户，目前已与国内外一大批知名企业建立了长期稳定的合作关系，同时还为国内多所大中专院校提供物流培训等第四方物流服务。在多年的物流实践中，公司培养和积聚了大批优秀物流策划、管理和操作人才。

根据《教育部关于开展现代学徒制试点工作的意见》，甲乙丙三方本着合作共赢、职责共担的原则，积极开展现代学徒制试点工作，形成校企分工合作、双主体协同育人、共同发展的长效机制，不断提高人才培养的质量。

本着"友好合作，共同培养人才"的原则，确定在物流管理专业开展现代学徒制试点项目——物流管理专业现代学徒制试点班。经甲乙丙三方协商一致，达成如下协议：

合作事项

甲乙丙三方按照"招生即招工、工学交替、双导师制、第三方评价"等校企双主体育人的现代学徒制培养模式，在"合作共赢、职责共担"的基础上，实施现代学徒制试点工作。

协议期限

甲乙丙三方现代学徒制培养合作期限自（2019 年 3 月）至（2020 年 8 月），合作时间为 1.5 年。

现代学徒制培养模式

现代学徒制学制三年，学生在学校和企业交替学习。甲乙双方根据各自的教学计划和生产计划，有计划地安排工学交替式学习。

甲乙双方根据企业岗位要求和学生专业技能现状制定精准的人才培养方案，实行学校教师和企业师傅双导师制，分工协作完成教学任务。

现代学徒制试点项目的实施

1．乙方承担甲方学徒制班（×名学生）的跟岗学习任务，按××元/人/年的标准，学徒岗位培养付款方式按照年度完成，本年度甲方向乙方支付费用共计××万元。费用包括实习单位管理费、指导教师课时费、学生实习补助等。

2．本协议签订后，10个工作日内，甲方支付乙方应收取的费用总额的60%，××年在完成相应的教学任务后，按照试点班学生满意度测评80%以上学生满意视为考核合格，乙方应收费用总额的40%，甲方将费用汇入乙方指定账户。

账户名称：××

开户行：××

账号：××

乙方应提供合法凭证。

如果乙方学年考核不合格，则不予支付尾款，并且甲方有权同时中止协议，待双方协商后决定后续合同内容实施方案。

3．除按国家规定及本协议列支的费用之外，乙方不得收取学生的任何费用。

4．甲乙双方派专人进行现代学徒制试点班管理。双方共同制定人才培养方案，共同组织教学，具体责任由甲、乙双方根据实际承担的工作划分。

5．学生学习期间的思想教育管理和教学管理，由甲乙双方共同承担。

6．学生须在规定年限内修完教学计划规定的全部内容，达到毕业要求，由甲方颁发国家承认的学历证书。

三方的权利与义务

（一）甲方的权利和义务

1．甲方负责向教育主管部门报批招生计划。各年招生计划双方可提前协商确定。

2．甲方负责招生录取工作。甲方在招生宣传过程中将现代学徒制试点班作为办学优势与特色进行宣传，吸引学生报读该专业学徒制试点班。试点班级以乙方企业名称或甲乙双方协商命名。通过招生宣传渠道，在相关媒体上进行宣传报道，扩大企业知名度。

3．甲方负责办理新生录取手续、入学报到、学生管理、教学管理、毕业证办理及其他在校期间的各种教育管理工作。

4．甲方应做好试点班引导工作，保证学生理解和遵循乙方的管理模式，保证教学任务的落实。委派专人负责联络双方事宜，参与校外教学管理和指导工作。

5．甲方免费为乙方提供校内办公区域（可容纳两人办公）。

（二）乙方的权利和义务

1．为甲方的长远发展、战略定位和提高学校整体创新能力提供技术支持，促进专业改造升级。

2．根据行业和企业发展状况、经营规模、预期投资领域及在建扩建项目等人力资源增长因素，协助甲方进行人力资源中长期发展规划，及时向甲方提供用人需求信息、学生培训计划和专业招生建议计划。

3．乙方协助甲方搜集提供企业人力资源结构状况、职业岗位特征描述、职业岗位要求和技术等级等信息，共同制定专业人才培养目标及方案。

4．乙方遵照甲乙双方制定的人才培养方案，对所承担的课程负责指派企业教师，并承担相应课酬。对人才培养方案中承担的课程进行课程建设，课程建设包括课程标准、课程大纲、实施方案、授课计划、每节教案、课程多媒体资源（PPT）以及考核评价方案，并由企业专业人员进行课程建设及课程实施全过程。乙方的课程建设需符合甲方教学管理要求。

5．乙方对所承担的专业课程应当提供必备的教学场地、实训场地和实训设备，相关的实训费用由乙方承担。

6．乙方为学生购买雇主责任险，乙方应提供完整的校外意外伤害事故及突发事件处理方案。如在乙方所承担课程中发生意外事故或其他突发事件，乙方应遵循"治疗第一"的原则，第一时间对学生进行救助，并同时告知甲方。

7．乙方应在所承担课程中，协助甲方做好学生管理工作。

8．乙方在所承担课程范围内，提供的学生学材、费用在符合学校相关要求的基础上，由学生承担。

9．乙方应积极承担甲方的教师培训和技能提升工作，乙方应为甲方教师进行教学和科研项目提供技术支持，为甲方所需社会资源做好联络工作。相关工作产生的费用支付，双方另行约定。

10．根据人才培养方案的要求，由乙方负责的课程，乙方提供学习场所，并对学生的人身安全承担责任。

（三）丙方的权利与义务

丙方应严格按照甲方和乙方制定的人才培养方案、安排认真学习，掌握相关的技术技能；在学徒期间认真做好岗位的本职工作，培养独立工作能力，刻苦锻炼并提高自己的业务技能，在实践中努力完成专业技能的学习任务。

丙方在校学习期间应服从甲乙双方的共同教育和管理，自觉遵守甲方制定的各项校园管理规定及各项教学安排；丙方在乙方公司实践教学期间，须遵守乙方依法制定的各项管理规定，严格保守乙方的商业秘密。

遵守学校学生现代学徒制试点项目的相应管理规定和要求，与校内指导教师保持联系，按照教学要求做好工作日志的填写、工作报告的撰写等相关工作，并根据甲乙双方制定的考核标准参加考核。

丙方在规定年限内，修完人才培养方案规定内容，达到毕业要求，准予毕业，由学校发给丙方入学专业的毕业证书。

在学习期间，丙方如有以下行为，甲乙双方协商达成共识后有权将丙方劝退，由此产生的后果由丙方自行承担。

1. 在学徒制试点项目实施期间违反国家法律法规。

2. 丙方不服从甲乙双方共同制定的教学安排。

3. 严重违反甲方学生管理制度或乙方相关管理规定、劳动纪律。

4. 丙方在乙方学徒期间的薪资，由甲乙丙三方根据丙方在乙方学徒期间所在岗位另行签订协议。丙方薪资协议应充分考虑其学徒身份，保障其基本生活。

5. 家长配合学校做好学生的思想工作，帮助他们消除顾虑，积极引导并支持孩子到企业进行现代学徒制试点。

6. 在签订本协议时，丙方应该将此情况向家长汇报并征得家长同意，未满18周岁学生还需要提交监护人签字的知情同意书。

合作成果权益原则

甲乙双方在合作过程中，由合作而产生的教学成果、科研成果以及其他成果，双方均有义务保护成果权益不受第三方侵害。任何一方不得在未经协商和对方同意的前提下，擅自将成果转让给第三方，或者做出对学徒试点班合作不利言辞及行为。

如果一方擅自将成果转让、营利或出版，则对方可无条件实现盈利共享和其他利益共享；如果不能实现共享，则对方可通过诉讼，追讨受损利益。

协议生效、变更及终止

1. 本协议一式六份，甲乙丙双方各执两份，均有同等法律效力。本协议自双方签字盖章之日起生效。

2. 在合作过程中，三方可以根据实际需要，协商签订更加具体的协议或合同，作为本协议的附件。

3．如本协议在履行过程中变更、补充和修改，可根据三方的合作意愿和实际情况进行友好协商，经三方同意后变更合作协议。未经双方同意，任何一方不得随意更改本协议。

4．在协议履行期间如因单方面原因提出终止合作，三方应进行友好协商，并在满足协议附件要求的前提下，经双方同意后终止本协议。

5．因不可抗力或因国家政策调整而出现变更或者终止该协议的情况，甲乙丙三方均不得追究对方法律责任，并应本着"共育人才、共负责任、共担风险、共享成果"的原则予以协商解决。

6．协议期满本协议自动失效。

违约责任

未按本协议实行即视为违约，未违约方可以单方解除协议，并要求对方赔偿相关事项的损失。

本协议未尽事宜，双方另行协商解决。协商未果，可交由北京市通州区人民法院诉讼解决。

【以下无正文】

甲　　方：	乙　　方：	丙　　方：
委托代理人签字盖章（公章）：	委托代理人签字盖章（公章）：	学生/法定监护人签字：
＿＿＿＿＿＿	＿＿＿＿＿＿	＿＿＿＿＿＿
日期：＿＿＿＿＿	日期：＿＿＿＿＿	日期：＿＿＿＿＿
＿＿年＿＿月＿＿日	＿＿年＿＿月＿＿日	＿＿年＿＿月＿＿日

四、物流管理专业现代学徒制试点项目管理细则

北京财贸职业学院物流管理专业
现代学徒制试点项目管理细则（试行）

第一章　总　则

第一条　为深化学校职业教育办学体制机制改革，提高职业教育教学质量，促进学校现代学徒制试点项目（以下简称试点项目）科学、规范、高效管理，根

据《国务院关于加快发展现代职业教育的决定》(国发〔2014〕19 号)、《教育部关于开展现代学徒制试点工作的意见》(教职成〔2014〕9 号)、《教育部办公厅关于公布首批现代学徒制试点单位的通知》(教职成厅函〔2015〕29 号)等政策法规文件,制定本办法。

第二条 物流管理专业现代学徒制试点工作以培养契合现代产业发展要求的高技术技能型人才为根本任务,建立校企双元育人、交替训教、岗位培养、学徒双重身份、工学交替、岗位成才的现代学徒制度,推进现代职业教育体系建设。

第三条 本办法主要适用于北京财贸职业学院商学院物流管理专业现代学徒制试点项目,在《北京财贸职业学院现代学徒制试点项目管理办法》指导下制定执行。

第二章 组织领导

第四条 北京财贸职业学院商学院成立现代学徒制试点工作领导小组(以下简称领导小组),领导小组负责试点工作的组织、管理、监督、考核,制定相关政策和管理规定,定期举行会议,审议试点项目建设等的重大问题。

第五条 领导小组下设办公室,办公室设在北京财贸职业学院商学院办公室。

北京财贸职业学院商学院办公室负责试点项目日常工作的开展,拟定各类工作草案或建议,组织专题研讨和培训,对试点项目进行日常跟踪管理,督促、推动各试点项目全面实施。

第三章 校企合作双主体协同育人

第六条 双方本着"优势互补,资源共享,互惠双赢,共同发展"的方针,充分利用现代学徒制试点项目平台,在现代学徒(学生)人才培养、产学研合作等方面不断深化产教融合、校企合作,并在相关领域建立长期、紧密的合作关系。

第七条 建立双方项目合作联系机制,通过现代学徒制研讨会议或双方面谈交流方式,定期或不定期讨论双方合作中的重大问题。为便于工作开展,双方各指派内部有关机构及管理人员负责日常联络和协调各项合作事宜。

第八条 建立学徒(学生)双身份管理制度。校企双方共同制定招生与招工一体化工作方案,利用学校教育优势,支持采取多元招生与招工方式,明确学徒(学生)的企业员工和职业院校学生的双重身份。

企业与学校、企业与学徒(学生)签订三方协议,明确各方权利和义务。

第九条 共同建立校企合作人才培养模式。以学徒(学生)的岗位能力培养为核心，以校企深度合作和双导师联合教育教学为支撑，校企双方共同制定专业教学标准、课程标准等，开发相应课程资源。

第十条　共同制定课程标准、专业教学课程。校企双方应当针对试点专业、制定课程标准，共同建设基于工作内容的专业课程。专业课程应以学徒制学徒（学生）岗位所需的知识和技能为载体，设计单项技能训练项目和综合能力训练项目（或案例），课程内容既要符合整个行业通用的专业理论知识和基本技术技能，也要符合合作企业所需的岗位技能。

第十一条　建立相应的双导师教师聘用制度，校企双方按照要求设立选聘标准，共同遴选现代学徒制学校导师和企业导师，并颁发聘书。

第十二条　校企双方根据实际情况，可以采取多种形式合理分担人才培养成本。学校将试点专业纳入学校年度经费预算，确保建设经费到位。商学院按规定合理使用经费。

第四章　现代学徒制教学管理

第十三条　物流管理专业试点项目根据学徒（学生）培养的实际需要，组建教学管理团队。负责组织、协调现代学徒制试点班的人才培养方案、专业教学实施方案、课程标准等文件的编制，以及日常教学管理、督导检查、考核评价和资料收集整理工作。

第十四条　现代学徒制的人才培养方案包括专业岗位标准、课程标准、教学标准、考核标准、毕业标准以及相应的教学实施方案。人才培养目标应当与相关国家职业技能标准相衔接，规定需取得的职业技能证书或行业证书等。

第十五条　校企双方应当共同制定现代学徒制试点班专业教学实施方案，根据学徒（学生）培养目标要求和校企双方的资源配置情况，根据实际情况可以将公共基础课程、专业基础课、学徒岗位课程的教学内容进行整体规划，灵活安排交替学习教学计划，合理安排双场所教学内容和任务，按照工学交替的方式安排教学过程。

第十六条　根据课程类型，灵活采用集中讲授、企业培训、项目教学和岗位轮训等教学组织形式。学徒（学生）在学校期间实行班级管理为主、小组管理为辅；在企业期间实行小组管理为主、班级管理为辅的合作管理模式。企业岗位轮训阶段主要以导师带学徒的方式进行教学，根据不同专业特点，组成学习小组，确保学徒（学生）熟练掌握每个轮训岗位所需的技能。

第十七条　学徒（学生）根据实际情况，原则上可以实行弹性学制管理。学徒（学生）的企业实践课程与学校理论课程的成绩和学分可以相互置换。

第十八条　物流管理试点项目的教学质量监控执行《北京财贸职业学院高职教育课堂教学质量监控与评价办法》。

第十九条　建立多方参与的考核评价机制。由双导师和行业、企业专家或第三方机构对学徒（学生）学习情况进行考核。

第二十条　物流管理试点项目小组应当严格执行试点项目建设任务书和实施方案。对建设内容、建设目标、人才培养目标等方面确需进行较大变更或调整的，应报经学校领导小组核准。

第五章　学徒（学生）管理

第二十一条　本办法所称学徒（学生），是指校企双方依据有关原则和协议招录，按照各专业人才培养方案要求，由校企双方采取工学结合育人模式，培养满足企业需求的高素质技术技能人才。

第二十二条　学徒（学生）管理应当遵循职业院校教育教学管理规律和学生身心发展特点，坚持管理与教育并重、管理与服务并重、管理与发展并重的原则。

第二十三条　加强对学徒（学生）的职业素质、思想道德、法律和身心健康教育，把学校财贸素养教育贯穿其中，加强学习、工作、生活等养成训练，为培养学徒（学生）社会责任感、创新精神、实践能力和自我发展能力奠定基础。

第二十四条　商学院现代学徒制试点工作领导小组负责统筹指导学徒（学生）的管理工作。

第二十五条　北京财贸职业学院商学院应当加强学徒（学生）日常管理，明确管理职责。北京财贸职业学院商学院院长是学徒（学生）管理工作的第一责任人。

第二十六条　负责双导师的日常管理，建立健全例会、学习、培训、考核和奖励制度；负责学徒（学生）在校学习、在岗轮训、生活和安全管理，妥善处理学徒（学生）偶发事件；组织学徒（学生）日常考核、奖惩和鉴定工作；建立和完善学校、企业、家庭和社会教育管理网络；负责完成学校现代学徒制试点工作领导小组交办的其他管理工作。

第六章　保障监督

第二十七条　政策保障。

（一）校企双方建立学校导师与企业导师双向聘用制度。鼓励校企双导师共同开展课程建设、教材开发和技术研究。

（二）建立激励制度。将学校导师在企业的实践和服务纳入教师绩效考核，并作为晋升专业技术职务的重要依据；将企业导师承担的教学任务和带徒经历纳入企业员工业绩考评，并作为岗位晋升的重要依据；对表现优秀的学徒（学生）给予表彰。

（三）企业应当给予学徒（学生）准员工待遇，为其购买相关保险，根据学徒（学生）的实际工作贡献并参照本地最低工资标准的一定比例支付生活补贴。

第二十八条　经费保障。学校建立现代学徒制试点项目专项经费，主要用于试点项目的奖励津贴，保障试点项目顺利实施。

第七章　附　则

第二十九条　本办法由商学院现代学徒制试点项目领导小组负责解释和修订。

第三十条　本办法自颁布之日起施行。

五、物流管理专业现代学徒制人才培养方案

现代学徒制高职物流管理专业人才培养方案

一、专业名称及代码

专业名称：物流管理。

专业代码：630903。

二、招生对象

招生对象：应往届高中毕业生、中职毕业生。

三、基本学制与学历

（一）学制。

学制为全日制三年。

（二）学历。

学习合格取得专科学历。

四、培养目标

本专业培养与我国社会主义现代化建设要求相适应，德智体美劳全面发展，面向国内外第三方物流服务业、商贸零售业、现代制造业，既能从事物流市场开

发员、物流业务计划员、货代员、采购员、仓管员等岗位工作，又能胜任仓储配送业务主管、国际货代业务主管、物流主管等学徒岗位工作，具备物流业务处理、物流方案设计、物流团队管理能力，具有良好的职业形象、服务意识、团队合作精神及专业沟通能力，以及自主学习能力，能在团队中独立、负责、有效完成物流行业工作任务的复合型和创新型技术技能型人才。

五、培养方式

校企联合招生，联合培养，一体化育人。教学组织形式，主要有集中讲授、企业培训、任务训练、岗位培养、网络课程等。公共课程及专业技术技能课程的理论知识在学校或企业教学点由学校导师担任，专业技术技能课程的技术操作在企业教学点及岗位由企业导师担任。人才培养体现校企双主体、交互训练、岗位培养、学徒双重身份、工学交替、在岗成才的典型特征。

六、职业范围

（一）职业生涯发展路径

根据本专业物流管理目标岗位，运用头脑风暴、专家咨询和企业调研等方法，开展行业企业专家研讨，获得9个典型工作任务及不同职业生涯发展路径，详见附表5-1。

附表 5-1　物流管理专业职业生涯发展路径

发展阶段	学徒岗位	就业岗位											学历层次	发展年限	
		仓储			运输				综合物流					中职	高职
		仓储作业	仓储管理	仓储信息	货运代理	干线经营	城际快运	网络经营	信息处理	物流管理	企划管理	供应链融资			
六		物流总监、物流顾问、供应链总监等											高职	10 年以上	8 年以上
五		仓储经理			部门总经理				部门总经理、项目总经理等				高职	8～10 年	5～8 年
四	运营主管、仓储项目经理	仓储项目经理			货运经理、市场经理	运输总经理	运营主管	区域经理	物流分析经理	物流项目经理	数据分析经理、战略规划经理	运营主管	高职	5～8 年	3～5 年
三	仓管员、操作主管、单证主管、运输主管	仓管员、操作主管		单证主管	货运主管、市场主管	质量监控主管、运输主管	营销主管、运营主管	区域主管	物流分析主管	项目主管	战略规划主管	运营助理	高职	3～5 年	2～3 年
二	保管员、单证员、运营管理员	叉车司机	商品保管员、收发员、发货员	仓储单证员	货运管理、搬货员	客服人员、押运员	运营管理员	管理员					中职、高职	2～3 年	1～2 年
一			装卸工、搬运工				速递员、送货员						中职	1～2 年	6～12 月

（二）面向职业范围

物流管理专业面向职业范围详见附表 5-2。

附表 5-2　物流管理专业面向职业范围

序号	对应职业（岗位群）	学徒目标方向	技能证书/职业资格证书	备注
1	仓储	仓管员、操作主管、单证主管等	注册品类管理师、助理物流师职业资格证书	助理级
2	运输	运营管理员、运输主管等		
3	综合物流	项目主管		

1. 仓管员岗位

可以从事仓储商品保管、收发货管理、账务管理、叉车操作等一般技能型岗位工作。掌握仓储作业的管理流程；具有物流仓储业务管理能力，具有仓储管理流程执行能力和仓储物流操作能力。

2. 操作主管岗位

可以从事仓储管理等一般管理。掌握仓储作业的管理流程；具有物流仓储业务管理能力，具有仓储管理流程执行能力和仓储物流操作能力；能合理进行分区分类、货位标号及堆码垛；能指导装卸搬运人员安全规范地进行作业。

3. 单证主管岗位

熟悉物流单据管理流程；具有熟练的 WMS 信息系统操作能力，熟练的组织物流单据管理与信息系统操作实施能力，熟练的 WMS 仓储物流信息系统操作指导能力。

4. 运营管理员岗位

可从事货运领域的揽货、押运、客户服务以及初级的货运管理、运输网络管理等工作。能识别地图，根据订单需求确定送货路径，执行送货到门业务；熟悉货运管理技术规范，熟悉货物管理基本流程，熟悉货代工作流程。

5. 运营主管岗位

可从事货运管理、运输网络管理、运营管理等一般管理工作。具有多种货运方式运输管理和资源整合能力，一定的综合货运代理方案设计和执行能力；熟悉物流库存管理和调度优化，熟悉区域及城市市场运输资源和服务价格；具有较强的市场营销和商务谈判能力。

6. 项目主管岗位

能够设计简单的物流调查问卷，组织调查问卷和物流调查表的发放与回收，对调查资料进行初步分类、整理和统计分析；能够基本贯彻库存管理计划，初步分析库存状况、提出库存合理化建议、编制装卸搬运作业计划、编制仓库货物储存计划、运用运筹学和系统论基本知识制订配送计划等。

七、人才规格

（一）职业素养

物流管理专业职业素养详见附表 5-3。

附表 5-3　物流管理专业职业素养

职业素养	合作企业要求
具有良好的职业形象和服务意识，具有诚实守信、爱岗敬业、团结合作、吃苦耐劳的职业精神	具有良好的团队合作意识，能在团队中履行个人职责并支持配合他人开展工作
具有专业的沟通交流能力；具有信息安全及隐私保护意识；精益求精，具有高度责任心；主动创新，具有创新创业意识及能力	有产品安全和设备操作安全意识等，不违规操作；不泄露客户信息，尊重客户隐私
掌握物流行业发展方向，能够认真贯彻落实上级的指示决定，清楚了解项目商品的存储知识，掌握本工作领域的基本专业知识 具有爱岗敬业、乐于奉献的职业精神和社会责任感；具有良好的职业道德和行为规范，健康的心理素质	会用常用办公软件进行数据分析统计
具备良好的沟通能力，具有良好的表达、理解、分析、动手、社交能力；具备团队协作精神，具有合作意识，能组织部门其他成员共同完成工作任务	具有良好的信息观念；遵守企业规章制度，维护企业形象，保护企业机密

（二）专业能力

物流管理专业专业能力见附表 5-4。

附表 5-4　物流管理专业专业能力

专业能力	合作企业要求
掌握搬运与装卸的工作流程与技巧；熟悉搬运作业技术要求；能够执行企业仓库作业的规范与标准；能识别托盘、货架、手动搬运设备等简单操作工具；掌握常见装卸搬运设备的操作规范，了解注意事项；能够进行装卸、堆码、储存、分拣、包装、配载、送货等具体操作；能按仓储作业技术规范和标准，进行物品收、发、保管及填表、记账、盘点对账业务	商品接运前的准备，针对商品的特性进行装卸方案的规划设计，进货入库作业、保管作业、发货作业和盘点作业

续表

专业能力	合作企业要求
了解商品属性,了解商品分类及编码常识,能够正确识别工作岗位常用标识;能够根据标识识别商品;能够依据商品属性选择搬运工具和搬运方法;能够在作业操作中使用托盘、手动搬运叉车等简单作业工具	能进行取货与送货的车辆调配、指挥,与供货方目的站的协调,运输计划的制订与装载的安排,相关单据的填写、交接和归档,运输、配送、车辆台账的更新,生产工具使用记录和保管,司机的调配管理,车辆的维修保养和燃油管理
能够正确地进行一般的搬运作业,能正确地对商品进行堆码垛;能够熟练使用常见的装卸搬运设备、计量器具、存储设施、养护设备、分拣设备、包装设备等并会简单维护,会使用各种消防器材;熟悉叉车的操作与驾驶;熟练使用手持终端进行操作	接受并执行配送指令;制订配送计划;进行车辆的日常调度;货物或商品的集配载;执行过程中的信息反馈
能识别地图,根据订单需求确定送货路径,执行送货到门业务;熟悉货运管理技术规范,熟悉货物管理基本流程;熟悉货代工作流程;能够熟练使用常见的装卸搬运设备、计量器具,会使用各种消防器材;熟悉各种运输车辆特点与性能,了解车辆运输基本配载技巧与装卸流程	接受客户需求订单;订单实施的组织和监督;对配送、运输过程中出现的异常情况进行跟踪处理;协调客户关系,进行投诉处理;与相关部门的沟通;对问题处理的情况进行记录和反馈
掌握仓储作业的管理流程;具有物流仓储业务管理能力,具有仓储管理流程执行能力和仓储物流操作能力;能合理进行分区分类、货位标号及码垛;能指导装卸搬运人员安全规范的进行作业	监督物料的收发,对账目进行核对;制定仓库管理制度和运作规范,并监督实施;工厂库存策略的拟定和报批,制定物料的最高存储量和安全库存标准;组织好每期末的仓库物料盘点工作
具有 WMS 信息系统操作能力;可执行仓储信息收集、分类、处理等业务,完成物流相关单证的填制;具有多种货运方式运输管理和资源整合能力;一定的综合货运代理方案设计和执行能力;熟悉物流库存管理和调度优化	负责开展日常货物运输及人员接送工作,对公司车辆的合理、安全、节约使用负责;负责审批各部门用车需求申请单,并根据车辆需求合理安排车辆的使用;监督与管理各类车辆的油料供应工作;负责监督公司各类车辆的每日出行情况,负责审核每日车辆出行日志记录。根据业务需要安排合理数量和规格的作业车辆,并制订合理的调度计划;随时监控和掌握各车辆的具体去向和状态

八、典型工作任务与职业能力分析

根据仓管员、操作主管、单证主管等目标岗位,运用头脑风暴、咨询专家、问卷调查、案例研究等方法,开展行业企业专家研讨,获得除岗位认知外的 9 项典型工作任务,详见附表 5-5。

附表 5-5　岗位描述及典型工作任务

岗位业务描述	典型工作任务	核心职业能力
1．根据客户需求，利用己方资源与外包资源，制订当日的配送计划（在保有服务质量的前提下选择最低成本的运营方式） 2．了解客户需求，了解客户产品属性 3．熟悉城市运输干线，能快速准确区分运输路线 4．非常了解运输成本及能力，熟悉各种车型的运作成本及最大的荷载、容量 5．清楚外包资源的优势与实际能力		1．了解客户需求 2．熟悉客户产品属性 3．熟悉不同运营方式 4．熟悉城市运输干线 5．区分运输路线 6．熟悉不同车型的运作成本 7．熟悉不同车型最大的荷载及容量 8．熟悉外包资源的优势与实际能力
1．接单下单：将客户要求和注意事项在内部委单上写清楚，转交到操作部门进行操作。 2．信息录入：将明细录入表格中，方便查找，每天的货量做成报表 3．跟踪：每天查看调度发布的跟踪表，并对货物出库等一系列操作进行跟踪 4．异常处理：对于异常情况，应与客户进行及时沟通，如情节过于严重应及时向领导反映情况 5．单据管理：每月将回单整理好给客户，做好详细的单据整理，如有异常发生，有据可查 6．对账：每月跟财务对好明细，与客户对账、确认好费用后第一时间开票；每月配合财务跟客户确认应收未收款 7．接听客户电话来访：每天接听客户电话，都应做好相应的记录，有异常情况，在核查清楚后5分钟之内回复客户	配送运输计划制定 顾客满意程度分析 物流运作统计及成本分析 进出库业务操作 单据操作与管理 客户服务管理 仓储设施设备管理 仓储商品管理 仓储运营与安全管理	9．熟悉评价指标 10．数据统计分析 11．完成满意度分析报告 12．单据数据统计整理 13．形成数据分析报告 14．接单下单 15．信息录入 16．数据操作跟踪 17．对账 18．接听客户电话来访 19．异常处理 20．客户信息管理 21．客户档案信息更新 22．按规定做好物资设备进出库的验收工作 23．按规定做好物资设备进出库的记账工作
1．按规定做好物资设备进出库的验收、记账和发放工作，做到账账相符 2．随时掌握库存状态，保证物资设备及时供应，充分发挥周转效率 3．定期对库房进行清理，保持库房的整齐美观，使物资设备分类排列、存放整齐、数量准确 4．熟悉相应物资设备的品种、规格、型号及性能，填写分明 5．搞好库房的安全管理工作，检查库房的防火、防盗设施，及时堵塞漏洞		24．按规定做好物资设备进出库的发放工作 25．熟悉库房物资设备类型 26．熟悉相应物资设备的品种、规格、型号及性能 27．熟悉设备的安全维护基本技能 28．监控库存状态 29．保证物资设备及时供应 30．发挥物资设备周转效率

续表

岗位业务描述	典型工作任务	核心职业能力
6. 完成公司领导交办的其他工作		31. 熟悉库房的消防通道 32. 熟悉库房的防火、防盗设施安全及使用 33. 熟悉库房清理内容 34. 熟悉物资设备分类存放方法 35. 熟悉库房运营报告撰写

九、课程结构

课程分为公共基础课和专业课两个模块，专业课程分为专业技术技能课程、学徒岗位能力课程、专业拓展课程三类。公共基础课程根据教育部有关规定安排，专业课程根据物流管理职业岗位（群）能力要求设置，专业技术技能课程依据不同学徒岗位方向共同需要的职业能力要求设置，学徒岗位课程根据学徒岗位方向的特定要求设置，专业能力拓展课程为学徒适应其他物流企业岗位能力要求而设置，由学校自行安排。课程体系结构详见附表5-6。

附表5-6 课程体系结构体系

课程类型	课程模块	课程名称	课程性质
公共基础课程		毛泽东思想和中国特色社会主义理论体系概论	必修
		思想道德修养与法律基础	必修
		形势政策	必修
		大学生社会实践课	必修
		经济应用数学	必修
		大学语文	必修
		实用英语	必修
		计算机基础与应用技术	必修
		职业发涯发展与就业指导	必修
		军事训练与国防教育	必修
		体育	必修
		大学生心理健康教育	必修
		安全教育课	必修
		财贸素养教育	必修
		公共选修课	选修

课程类型	课程模块	课程名称	课程性质
专业课	专业技术技能课	会计学基础	必修
		管理学基础	必修
		经济学基础	必修
		公路运输实务	必修
		仓储运作管理	必修
		配送作业管理	必修
		物流市场营销	必修
		采购与供应链管理实务	必修
		物流纠纷处理	必修
		陆运货代实务	必修
		海运货代实务	必修
		空运货代实务	必修
		仓储规划与运作	必修
	学徒岗位能力课	顾客满意度分析	必修
		物流运作统计及成本分析	必修
		进出库业务操作	必修
		单据操作与管理	必修
		配送运输计划制定	必修
		岗位认知	必修
		客户服务管理	必修
		仓储设施设备管理	必修
		仓储商品管理	必修
		仓储运营与安全管理	必修
	专业拓展课（选修7选6）	WMS 软件操作	选修
		ERP 软件操作	选修
		模拟公司经营训练	选修
		物流管理信息系统	选修
		职场礼仪训练	选修
		电商物流	选修
		冷链物流	选修
		项目管理	选修
		连锁物流数据分析	选修
		工作流程与责任实训	选修
		物流业经营创新与发展前沿	选修
		物流综合实训	选修

十、课程内容及要求

（一）公共基础课

1. 毛泽东思想和中国特色社会主义理论体系概论　54 课时

着重讲授中国共产党把马克思主义基本原理与中国实际相结合的历史进程，充分反映马克思主义中国化的理论成果，帮助学生系统掌握毛泽东思想和中国特色社会主义理论体系的基本原理，坚定在党的领导下走中国特色社会主义道路的理想信念。

2. 思想道德修养与法律基础　54 课时

主要进行社会主义道德教育和法制教育，帮助学生增强社会主义法制观念，提高思想道德素质，解决成长成才过程中遇到的实际问题。

3. 形势政策　18 课时

形势政策是一门融政治性、思想性、科学性、知识性和实践性为一体的课程，基本任务是通过适时地进行党的路线、方针和政策以及国内外政治、经济形势的教育，帮助学生全面正确地认识国家改革与发展所处的国际环境、时代背景，正确理解党的基本路线、重大方针和政策，正确分析社会关注的热点问题，激发学生的爱国主义热情，增强其民族自信心和社会责任感。

4. 大学生社会实践课　18 课时

通过与校团委大学生寒、暑假社会实践活动相结合，在活动组织与开展过程中加强思想政治理论的指导，帮助学生在有组织、有计划、有目标的社会实践中了解社会进步和专业发展，学会理论联系实际，处理各类成长成才过程中遇到的问题。

5. 经济应用数学　72 课时

经济应用数学是一门基础理论与应用能力的培养课程。该课程内容设置的主要指导思想是通过微积分的学习，培养学生对经济活动进行量化分析的能力。掌握后续课程所必需的微积分基础知识及常用的数学方法，具有初步抽象概括问题的能力和一定的逻辑推理能力，并能够应用于经济领域，解决一些相关问题。

6. 大学语文　54 课时

大学语文是面向全院高职各专业大一学生开设的一门公共基础必修课程。课程开设的目的是继续培养和提高学生汉语语言文学方面的阅读、理解、欣赏和表达能力，进一步提高学生的思想境界、审美能力和人文素养。

7. **实用英语　126课时**

实用英语是一门培养学生在英语语言听、说、读、写、译等综合技能的课程。课程教学重点是纠正、巩固语音、语调、强化听说训练，同时侧重增加词汇语法知识练习、阅读方法与习惯练习、写作练习、翻译练习等。在注重各项语言技能的全面发展的基础上，重点突出语言交际能力的培养。此外，以精读课文为重点，在互联网背景下引导学生多渠道、全方位、立体式地扎实地掌握相当的词汇量、阅读量，掌握英语语言社会文化知识，掌握较强的英语逻辑思维能力、跨文化交际能力和复合型的人文素质，服务于未来职场中英语工作环境的需求。

8. **计算机基础与应用技术　54课时**

本课程是学院各专业学生必修的公共基础课。通过该课程的学习，学生能够了解相关的计算机基础知识，并能熟练掌握办公软件的基本操作，达到全国计算机一级等级考试的水平，并为后续课程打下坚实的基础。

9. **职业发展与就业指导　36课时**

职业发展与就业指导分为"职业生涯与发展规划"和"就业指导"两个模块。第一模块主要引导学生树立合理的职业目标，理性认识社会就业环境和个人专业专长，初步形成职业生涯发展规划。第二模块指导学生了解毕业生就业政策，掌握求职基本方法与技巧，找到合适的就业岗位，学会适应从校园到职场的角色转换。

10. **军事训练与国防教育　54课时**

本课程带领学生了解现代军事战争和国防的基本知识，对学生进行爱国主义、集体主义教育、形式政策教育和国防教育，增强学生的国防意识、纪律观念和自立自理能力，使其养成良好的生活习惯和严谨的作风。

11. **体育　72课时**

本门课程旨在培养学生终身体育的意识，并为学生日后从事各项工作奠定良好的身体素质基础，开设大学生心理素质拓展训练、动感单车、排球、篮球等模块。该课程设置由理论和实践两部分组成，理论部分教学内容主要包括运动项目的技战术理论和基本知识、运动健身的基本原理与锻炼方法、运动损伤的预防与处理、体育养生与保健知识、运动处方等方面构成学生的终身体育认知基础；实践部分以心理素质拓展和运动项目为主，突出运动技能的学习和锻炼过程，始终与提高学生的运动能力、心理健康和社会适应能力紧紧结合，为学生从事工作奠定健康的身体素质条件基础。

12. 大学生心理健康教育　36 课时

大学生心理健康教育是集知识传授、心理体验与行为训练于一体的心理素质教育课程。本课程注重培养学生自我认知能力、人际沟通能力、自我调节能力，使学生明确心理健康的标准和意义。课程通过典型案例、心理测试和课堂活动等多种教学方式，使学生在体验中掌握并应用心理健康知识，增强自我心理保健意识和心理危机预防意识，切实提高心理健康素质。

13. 安全教育课　36 课时

安全教育课以党和国家法律、法规、方针、政策为依据，以全面提高学生综合素质为目标，以安全责任、安全意识、安全知识和防范技能为主要教育内容，通过前置教育、课程教育和日常教育等多种途径，使在校学生增强安全意识，全面系统地掌握安全知识，更好地适应校园生活和今后走向社会需要。

14. 财贸素养教育　90 课时

财贸素养教育是以社会主义主义核心价值观统领学生思想政治教育，依据财贸职业岗位与人打交道、以人作为服务对象的特点而设立的职业素养教育课程。本课程以"爱心、诚信、责任、严谨、创新"为核心教育主题，以班级建设、宿舍建设、节庆活动、学生社团为载体，在学生在校期间持续开展"爱心、诚信、责任、严谨、创新"五版块主题教育，每个版块主题都通过理性认识、自我行动、总结交流三个阶段，通过考核最后以认证合格的形式颁发财贸素养证书，着力培养和锻炼学生的服务意识、团队精神、职业道德、自我管理能力、人际关系协调能力、组织能力等职业基本素养。

15. 公共选修课　144 课时

公共选修课开设目的是拓宽学生的知识面、专业面和特长，提高学生人文素养，培养职业素质，为学生职业生涯的可持续发展提供支持。公共选修课包括财贸通用能力训练课程、职业资格证书取证课程以及人文社科、自然科学、艺术鉴赏和心理类课程（讲座）。

（二）专业技术技能课

1. 经济学基础　36 课时

该课程使学生全面系统掌握经济学的总体内容、主要结论和应用条件，能够正确领会和理解经济运行的逻辑关系和基本规律，能够对经济问题和经济现象进行简单分析，具备初步分析的能力。

2. 管理学基础　36 课时

管理学是一门实践性和理论性、科学性和艺术性兼而有之的应用性学科，也是管理类各专业的一门基础课程，该课程旨在让学生树立现代管理的思想观念，掌握和运用管理学的基本原理和方法，提高自身的管理素质，培养和提高学生的理论素质和实践技能，并通过实践技能训练，提高学生的实践能力、创新能力和职业能力，为学生就业打下坚实的理论基础和职业基础。

3. 会计学基础　36 课时

本课程是根据会计典型职业活动分析整合的会计专业核心课程，是物流管理专业学生进行知识拓展的课程，具有较强的理论性和实践性。其主要任务是让学生了解企业及企业经济业务类型、感知会计工作、了解会计核算方法应用等一般财务常识，为学生处理在物流管理工作过程中所涉及的相关问题奠定基础。

4. 公路运输实务　54 课时

本课程主要培养学生城市公路运输线路规划能力和方案设计实施能力。学生通过学习，能熟练地掌握京津冀等重要交通枢纽城市间的网络布局、公路运输集货、分货线路规划设计。在掌握运输相关工作岗位职业技能的同时，要求学生熟悉首都公路线路网络分布，提高自身的职业素质，以胜任物流企业的运输岗位工作。

5. 仓储运作管理　54 课时

本课程以京津冀储配企业调研为背景，引入对储配理论基础、储配设施设备、组织机构及业务类型的认知，在此基础上进行储配业务流程的学习。学生在完成本课程后，能全面了解仓储及配送中心的业务情况、作业流程、工作环节、岗位职责，具备简单方案设计、单据处理能力。在培养学生职业能力的同时，注重理解和体会仓储配送中心的职业特点和职业道德，提高学生职业素质，以胜任仓储配送岗位工作。

6. 配送作业管理　54 课时

本课程主要培养学生物流运输管理能力。学生通过学习、模拟训练，能熟练地掌握运输业务流程的组织，运输业务的调度、管理的基本方法，具备运输财务的核算及熟练操作运输管理软件的职业能力。在掌握运输岗位的职业技能的同时，要求学生理解和体会运输岗位的职业特点和运输管理人员的职业道德，提高自身的职业素质，以胜任物流企业运输岗位工作。

7. 物流市场营销　54课时

本课程着重对物流市场营销的内容和特征、战略和策略等一系列问题进行分析和阐述。本课程的教学，能够使高职学生正确地理解现代物流市场营销理念，培养学生物流营销方案策划和执行能力，并具有对物流服务实施过程中出现的问题进行妥善处理的能力，成为现代物流经营管理的应用型人才。

8. 采购与供应链管理实务　54课时

采购业务是企业产生仓储、配送、运输等物流活动的基点，所以本课程的核心内容包括了采购计划的制订、采购流程的设计、供应商管理、招标采购、采购谈判等，并以情境、任务为载体，形成理论知识与职业技能相结合的教学模式。通过本课程的学习，学生理解和掌握采购供应管理的前沿理论，探讨分析京津冀一体化所形成的新购销模式，能够正确运用定性和定量相结合的分析方法，对企业采购、储存、供料过程以及供应商实施有效管理。本课程同时培养学生对采购过程中出现的问题进行妥善处理的能力。

9. 物流纠纷处理　54课时

本课程以物流相关专业基础知识和法律基础知识为基础，以培养学生应用物流业务法律法规知识的能力为目标。内容围绕物流行业诸多环节相关法规进行介绍，并增设工作实践中常见的市场主体法律制度和合同法律制度。课程采取讲授、案例释义和模拟实践教学等方法，使学生了解我国现行的物流法律法规知识，初步具备判断物流行为合法性及对物流业务合同进行管理的能力，以培养物流管理专业学生的行业法规意识，培养其运营管理能力。

10. 陆运货代实务　54课时

本课程是物流管理专业的一门专业课。要求学生能作为运输代理人组织汽车和铁路的集合装运，能够依托法律和基本合同法规的基础，处理简单的集合装运。本课程中学生完成的是运输代理人的职能。在汽车和铁路承运人处获取报价，并从交通、环境、政策以及经济等角度来确定承运人。通过适当的数据分析，在多式联运中组成适合的交通链，并采用综合运输方式对其他可能性进行尝试。学生在各自主持的小组里对不同的交通链进行区分，对其进行评估，并共同找到解决方案。作出决策后，向客户提供有关集合装运货物装载的咨询并展示流程。之后，制定简短的吸引人的演示，并有说服力地进行展示报告。根据计划订立货运代理合同和运输合同，并在法律和合同法规的基础上进行合同处理。采集处理合同所需的数据并制定出符合要求的单据。学生需要对各参与者之间的委托任务进行结算，掌握各个部分流程的成本并计算出盈利。学生也通过与客户的商谈，对整个流程的步骤进行检验，看出可能的错误，并对失误作出恰当的反应并从中总结教训。在此基础上对出现的障碍进行文档记录并对简单的索赔进行处理。

11. 海运货代实务　54课时

本课程基于国际贸易实务基础知识，以国际货物海运代理操作为主线，培养学生最基本的国际海运业务操作能力。课程包括国际货运代理的基本知识、国际货运代理的风险及防范、与货代有关的国际贸易知识与贸易单据的制作、班轮运输货运代理的操作实务、提单业务与法规、租船运输货运代理操作实务、国际多式联运等内容。课程教学采用课堂与线上教学、理论与实践教学相结合的方式，学生通过以上内容的学习，具备良好职业道德、熟练专业技能和可持续学习与适应能力，以适应京津冀地区国际物流企业对高技能物流人才的需要。

12. 空运货代实务　54课时

本课程基于京津冀区域经济发展定位，以本区域国际航空货代企业为原型，以国际航空货运流程为主线，结合货代企业、外贸公司等企业的客服、操作等基础岗位所必需的货运代理从业人员的能力要求。课程内容为国际航空货运基础知识，航空货运进出口方案设计及执行，并培养学生掌握报关报检基本技能。本课程培养能从事国际货代一线操作和基层管理工作人员，具备良好职业道德、熟练专业技能和可持续学习与适应能力的技能型综合服务人才。

13. 仓储规划与运作　54课时

本课程着重训练学生布局规划和设计能力、仓储配送等业务方案的设计优化与实施能力。课程以 B2B 物流和 B2C 物流为主要内容，以实际业务工作过程为导向，以实践性教学为手段，以实际工作任务驱动的方式，通过对课程总体目标的分解，确定相关工作任务，设计相应工作情境，并应用仓储配送布局设计软件，制作相关的布局模拟动画，同时让学生在实训场景中执行业务操作。学生通过本课程训练后，能全面把握各类储配业务布局规划管理工作，熟练掌握储配业务方案的设计与实施，理解和体会储配企业的职业特点，具备相应的职业素质，以胜任储配管理岗位工作。

（三）学徒岗位能力课程

1. 配送运输计划制定　40课时

本课程根据客户需求，利用己方资源与外包资源，制订当日的配送计划（在保有服务质量的前提下选择最低成本的运营方式）。同时了解客户需求，了解客户产品属性。熟悉城市运输干线，能快速准确区分运输路线。

2. 顾客满意度分析　40课时

本课程主要介绍客户满意度评价指标，并对其进行数据统计分析，完成满意度分析报告。

3. 物流运作统计及成本分析　40课时

本学徒课程主要是根据统计期内的物流业务情况数据进行统计，并就成本进行相应的分析，找出降低成本的方法，并掌握相应的分析方法。

4. 进出库业务操作　40课时

本课程主要是按规定做好物资设备进出库的验收、记账和发放工作，做到账账相符。随时掌握库存状态，保证物资设备及时供应，充分发挥周转效率。

5. 单据操作与管理　40课时

本课程主要完成接单下单：将客户要求和注意事项在内部委单上写清楚，转交到操作部门进行操作。信息录入：将明细录入表格中，方便查找，将每天的货量做成报表。跟踪：每天查看调度发布的跟踪表，并对货物出库等一系列操作进行跟踪。异常处理：对于异常情况，应与客户进行及时沟通，如情节过于严重应及时向领导反映情况。单据管理：每月将回单整理好给客户，做好详细的单据整理，如有异常发生，有据可查。

6. 客户服务管理　40课时

本课程主要是对账：每月跟财务对好明细，在跟客户对账、确认好费用后第一时间开票，每月配合财务跟客户确认应收未收款。接听客户电话来访：每天接听客户电话，都应做好相应的记录，有异常情况，在核查清楚后5分钟之内回复客户。

7. 仓储设施设备管理　40课时

本课程主要是学习地牛、叉车的基本操作以及其他设施设备的操作与管理。

8. 仓储商品管理　40课时

本课程主要是学习相应物资设备的品种、规格、型号及性能，填写分明。

9. 仓储运营与安全管理 40课时

定期对库房进行清理，保持库房的整齐美观，使物资设备分类排列，存放整齐，数量准确。做好库房的安全管理工作，检查库房的防火、防盗设施，及时堵塞漏洞。

10. 岗位认知 20课时

通过在企业现场观摩企业师傅讲解了解企业组织结构、岗位特点以及各岗位的工作性质和要点。学生通过学习，掌握企业的岗位内容，了解岗位性质。

（四）专业拓展课

1. WMS软件操作 36课时

本课程是高职物流管理专业的一门选修课，是一门和实际紧密结合的课程。本课程的任务是使学生掌握仓储配送中心业务软件操作的实训课程，通过课程学习，帮助学生熟练掌握仓储配送中心的业务流程、岗位职责、单据处理、设施设备、场景布局。可模仿实际业务情境，进行个人业务模拟训练和团队合作模拟训练。软件以3D动画模拟实际工作场景和实际业务情境，寓教于乐，提高学生学习兴趣，拉进校企育人场景间距，为从事有关实际工作奠定必要的基础。

2. ERP软件操作 36课时

本课程主要介绍ERP软件在企业中的主要作用以及对提升企业管理水平的重要作用，有利于对企业内资源的有效管理和企业整个供应链的优化管理的充分认识。

3. 模拟公司经营训练 36课时

结合目前的最新技术发展和互联网的新特点，介绍最新的公司经营特点、方法以及经营过程中的有效管理途径和团队的管理方法。

4. 物流管理信息系统 36课时

本课程着重培养学生最基本的物流管理信息系统构架认知、使用和维护能力，熟练掌握物流信息化技术应用。教学内容包括物流管理信息系统构架认知、物流信息化技术应用、物流企业信息平台构建和物流ERP系统构建分析。随着先进的物流装备和物流技术不断涌现，物流自动化技术飞速发展，本课程将最新的物流信息技术介绍给学生，除了讲授传统的条形码、RFID（射频识别技术）外，还介绍自动化立体仓库、各种物流输送设备、高速分拣机、AGV等先进物流装备和技术。为了让学生理解物流信息系统在物流企业的重要性和广泛应用，本课程介绍了 ERP 系统的管理思想，让学生理解 ERP 对整个供应链的有效管理。学生在完成本课程学习之后，能全面地了解物流管理信息系统的模块关系、物流管理信息系统的业务流程，熟练地掌握物流管理信息系统使用和维护方法，以胜任中小企业的物流管理岗位工作。

5. 职场礼仪训练　36 课时

主要介绍学生职业生涯开始前应该熟悉的礼仪，掌握一些礼节性的知识，结合企业的现场，学习待人接物的方法和说话的方式。

6. 电商物流　36 课时

本课程主要阐述现代物流的基础知识，介绍最新的物流理念、现代化的物流系统、物流服务、第三方物流和供应链等方面的基础知识，掌握采购、储存保管、包装、装卸搬运、流通加工、配送、运输等现代物流活动的基本概念与特征，特别是物流活动各环节之间的关系和整体作用。引导学生对物流行业有一定的认知和了解，培养学生的专业意识和专业兴趣，提升学生的物流职业素质，最终形成解决物流实际问题的能力，为进一步学习其他专业课程提供理论、方法和技能上的准备。

7. 冷链物流　36 课时

本课程立足于综合服务型物流企业基层管理岗位及冷藏食品生产企业综合冷链部门基层管理岗位，使学生通过系统的课程学习，掌握冷链食品生产企业的冷链物流管理及冷链物流企业的运营管理，掌握肉类冷链（包装、储藏、运输、配送）等的实际操作流程。着重培养学生的冷链物流综合集成能力和实际业务处理能力。

8. 项目管理　36 课时

本课程旨在培养和提高学生对物流项目的组织操作和管理能力。课程以物流公司组织设置与团队搭建为前提，突出客户导向和一对一服务，以物流项目的运作流程为主线，结合京津冀物流一体化形势下的新项目，重点学习和训练物流项目需求识别与构思、可行性分析、物流项目任务分解、物流项目进度管理及项目管理软件应用等内容。课程采用项目教学法，小组成员共同制订计划、共同或分工完成工作任务，包括信息收集、方案设计、项目实施及最终评价，以培养学生综合物流业务处理能力和项目管理能力。

9. 连锁物流数据分析 36课时

本课程涉及 MRO 仓储、配送、运输等供应链环节数据分析。引导学生运用流通经济理论、建模分析及信息技术等相关优化技术，对供应链各环节和环节之间的数据关系加以分析，理解数据背景下的供应链各环节物理行为。学生在了解企业岗位业务流程的基础上，能够深刻理解内在业务本质和规律，培养学生科学态度、严谨作风和扎实的职业能力，同时培养学生团队合作及组织管理能力，达到培养物流及数据分析管理人员的教学目标。

10. 工作流程与责任实训 36课时

该课程基于高职学生特点和未来岗位工作需要，在学生掌握了一定的专业知识和专业技能后开始进行与职业规范和工作能力的训练课程。课程内容基于企业岗位特色普遍规律和职业规范并带有工作流程定义、工作流程特性，模型建立、流程优化和流程设计，使学生形成对工作流程的理解和自身约束力的训练，并达到培养学生严谨规范的岗位工作能力及遵守职业道德的教学目标，最终成为能满足企业岗位职业规范的技术工作人员。

11. 物流业经营创新与发展前沿 36课时

本课程主要围绕物流行业在经济新常态下出现的新运营模式、技术创新和发展趋势等内容展开教学，选取标杆企业对平台模式、加盟模式、互联网+物流模式、甩挂运输、供应链金融等展开阐述，结合京津冀协同发展探讨首都物流业的发展趋势。

12. 物流综合实训 36课时

本课程是一门物流专业综合实训课程，本课程的学习能使学生对物流公司有一个全面的认知。从组建物流公司到业务经营过程的训练，能够让学生学会组建物流公司及经营公司业务。结合现在的电子商务技术，每个学生都要学会建立网店、微店，并且进行实际的公司营销和推广工作。完成公司的注册流程和商品的销售，学会制作商业计划书。在此基础上，引入物流企业的真实业务案例，带领学生分析、设计、演练物流公司的业务流程和操作管理。采用分组训练、竞赛对练的评比考核方式，口头宣讲、笔试作业相结合，在培养学生的物流核心技能的前提下，训练学生的沟通交流综合能力。

十一、教学安排

（一）教学进程表

物流管理专业三年制教学计划进程表，见附表5-7。

附表 5-7 物流管理专业三年制教学计划进程表

制订日期：2018 年 5 月　　　　　　　　　　　　　　　　实施日期：2018 年 5 月

课程类型	课程模块	课程名称	课程性质	考核方式	学分	学时	理论（校）	实训（学校）	实践（企业）	一	二	三	四	五	六	评价方式	备注
公共基础课程		毛泽东思想和中国特色社会主义理论体系概论	必修	考试	3	54	54		0	54						①②	学校导师教学为主
		思想道德修养与法律基础	必修	考试	3	54	54	0			54					①②	
		形势政策	必修	考查	1	18	18	0	0			18				②	
		大学生社会实践课	必修	考查	1	18	0	0	18	暑期实践 18						②	
		经济应用数学	必修	考试	4	72	54	18	0		72					①③	
		大学语文	必修	考试	3	54	54				54					①②	
		实用英语	必修	考试	7	126	108	18	0	54	72					①②	
		计算机基础与应用技术	必修	考试	3	54	36	18	0	54						①③	
		职业发展与就业指导	必修	考查	2	36	18	18	0	18				18		②	
		军事训练与国防教育	必修	考试	3	54	0	0	54	54						②	
		体育	必修	考查	4	72	18	54	0	20	20	16	16			②	
		大学生心理健康教育	必修	考试	2	36	18	18	0	36						②	
		安全教育课	必修	考查	2	36	18	18	0	18		18				②	
		财贸素养教育	必修	考查	5	90	54	36	0	18	18	18	18	18		②	
		公共选修课	选修	考查	8	144	144			36	36	36	36			②	
		小计：918 课时			51	918	648	198	72	326	380	106	70	36	0		
专业课	专业技术技能课	会计学基础	必修	考试	2	36	36						36			①②	学校导师教学为主
		管理学基础	必修	考查	2	36	36						36			①②	
		经济学基础	必修	考查	2	36	36						36			①②	
		仓储运作管理	必修	考试	3	54	36	18		54						①②③	
		采购与供应链管理实务	必修	考试	3	54	36	18					54			①②③	
		公路运输实务	必修	考试	3	54	36	18		54						①②③	
		陆运货代实务	必修	考试	3	54	36	18			54					①②③	校企导师教学
		配送作业管理	必修	考试	3	54	36	18			54					①②③	
		物流市场营销	必修	考试	3	54	36	18					54			①②③	
		仓储规划与运作	必修	考试	3	54	36	18				54				①②③	
		物流纠纷处理	必修	考试	3	54	36	18				54				①②③	
		海运货代实务	必修	考试	3	54	36	18					54			①②③	
		空运货代实务	必修	考试	3	54	36	18					54			①②③	
		小计：648 课时			36	648	468	180	0	108	162	162	216	0	0		

续表

课程类型	课程模块	课程名称	课程性质	考核方式	学分	学时	理论(校)	实训(学校)	实践(企业)	一	二	三	四	五	六	评价方式	备注
		岗位认知	必修	考查	0.5	20			20			20				②③④	
	学徒岗位能力课	单据操作与管理	必修	考查	1	40			40			40				②③④	企业导师岗位培养为主
		仓储商品管理	必修	考查	1	40			40			40				②③④	
		进出库业务操作	必修	考查	1	40			40			40				②③④	
		客户服务管理	必修	考查	1	40			40				40			②③④	
		仓储设施设备管理	必修	考查	1	40			40				40			②③④	
		配送运输计划制定	必修	考查	1	40			40				40			②③④	
		仓储运营与安全管理	必修	考查	1	40			40					40		②③④	
		顾客满意度分析	必修	考查	1	40			40					40		②③④	
		物流运作统计及成本分析	必修	考查	1	40			40					40		②③④	
	小计：380课时				9.5	380	0	0	380	0	0	140	120	120	0		
	专业拓展课	冷链物流	选修	考查	2	36		18	18					36		②③④	校企交互教学（学期三2选1，学期四4选3，学期五6选5）
		项目管理	选修	考查	2	36		36						36		②③④	
		物流管理信息系统	选修	考查	2	36		18	18					36		②③④	
		模拟公司经营训练	选修	考查	2	36		36						36		②③④	
		连锁物流数据分析	选修	考查	2	36		18	18					36		②③④	
		电商物流	选修	考查	2	36		36						36		②③④	
		职场礼仪训练	选修	考查	2	36		18	18				36			②③④	
		物流综合实训	选修	考查	2	36			36					36		②③④	
		ERP软件操作	选修	考查	2	36			36					36		②③④	
		WMS软件操作	选修	考查	2	36			36					36		②③④	
		工作流程与责任实训	选修	考查	2	36		36					36			②③④	
		物流业经营创新与发展前沿	选修	考查	2	36		36					36			②③	
		岗位实践	必修	考查	24	480			480					80	400	②③④	企业导师岗位培养为主
	小计：804课时				42	804	0	162	642	0	0	36	108	260	400		
	合计：2750课时				138.5	2750	1116	540	1094	434	542	444	514	416	400		
	①笔试；②面试；③任务考核；④业绩考核																

（二）教学学时分配

课时分配见附表 5-8。

附表 5-8　课时分配

序号	课程类别	课时					百分比
		理论	校内实训+企业实践	合计	必修	选修	
1	公共基础课程	648	270	918	774	144	33.63%
2	专业技术技能课	468	180	648	648	0	23.74%
3	学徒岗位能力课程	0	380	380	380	0	13.18%
4	专业拓展课程	0	804	804	480	324	29.45%
合计	学时	1116	1634	2750	2282	468	100.00%
	学分	62	76.5	138.5	112	26	
	百分比	40.58%	59.42%	100.00%	82.98%	17.02%	

十二、教学基本条件

实施校企联合培养、一体化育人，必备的基本条件：一是学校、企业、学生（家长）三方合作育人协议；二是合作育人的基本工作制度；三是企业有足够的学徒学习工作岗位和必需的课程教学基本条件。

（一）学校条件

1. 学校导师条件

学校导师的职业教育经验及工作经历，对现代学徒制人才培养模式内涵的认识和理解，是制定现代学徒制人才培养方案、构建课程体系、实施教学组织等各环节重要因素。学校导师应具备以下条件。

（1）具有高等职业院校及以上教师资格证书；原则上应为有行业企业相关岗位工作经历和实践经验，本科以上学历，讲师以上职称，有物流师或相关职业资格的"双师型"教师。

（2）专业核心技能课程教师应具备"双师"职业资格证书及从教能力，连续三年独立完成专业主干课程（至少两门）教学任务。

（3）具有运用专业知识解决实际问题的能力，具有创新性思维，教学思路清晰，教学方法与内容能够满足学徒岗位技术能力提升要求。

（4）了解物流行业发展及市场需求，熟悉本专业学生主要就业岗位典型工作任务及能力要求。

2. 校内实训室

校内实训室及主要设施设备和业务，按照如下要求配置。

（1）仓储与配送业务实训室。

仓储与配送业务实训室建设内容见附表 5-9。

附表 5-9　仓储与配送业务实训室建设内容

面积/m²	人数	项目	内容	实训与技能鉴定项目
400	55	环境	◇制定道德规范、职业标准、职业理念 ◇制订管理业务流程 ◇企业布局实景图片 ◇办公区域	实训项目：50 项仓储业务处理技能 技能鉴定项目：物流业务处理技能；布局与流程管理技能鉴定
		硬件	货架、模拟商品、POS 机、物流常用设备、标签、模拟沙盘，仓储企业常用的管理信息系统等	
		用具	学生工作用的笔记本、账单等	
		教具	服务器、投影机、计算机、白板等	
		管理制度	◇实训室管理制度 ◇教学管理制度	
		课程资料库	教学大纲、教学计划、运行记录、学生作业	

（2）国际物流实训室。

国际物流实训室建设内容见附表 5-10。

附表 5-10　国际物流实训室建设内容

面积/m²	人数	项目	内容	实训与技能鉴定项目
150	55	环境	◇货代业务基本规范、业务流程设计理念 ◇业务流程设计基本工作流程 ◇企业实景图片	实训项目：50 笔陆、海、空运单据的业务流程设计和现场的中转操作管理训练 技能鉴定项目：货代业务流程设计技能鉴定
		硬件	模拟商品、机场、码头常用物流设备，以及国际物流公司真实的管理信息系统	
		用具	学生工作用的笔记本、账单等	
		教具	服务器、投影机、计算机、白板等	
		管理制度	◇实训室管理制度 ◇教学管理制度	
		课程资料库	教学大纲、教学计划、运行记录、学生作业	

（3）物流电子商务信息服务实训室。

物流电子商务信息服务实训室建设内容见附表 5-11。

附表 5-11　物流电子商务信息服务实训室建设内容

面积/m²	人数	项目	内容	实训与技能鉴定项目
150	55	环境	◇物流基层领班人道德规范、职业标准（任职资格）、职业理念 ◇企业主要管理流程 ◇××真实流程	实训项目：50笔物流询价，成本核算训练 技能鉴定项目：物流数据处理技能鉴定
		硬件	货运电子商务服务系统、物流客户服务管理跟踪系统、电子显示屏等	
		用具	管理工作基本耗材	
		教具	服务器、投影机、计算机、白板等	
		管理制度	◇实训室管理制度 ◇教学管理制度	
		课程资料库	教学大纲、教学计划、运行记录、学生作业	

（4）物流运输调度实训室。

物流运输调度实训室建设内容见附表 5-12。

附表 5-12　物流运输调度实训室建设内容

面积/m²	人数	项目	内容	实训与技能鉴定项目
150	55	环境	◇物流基层领班人道德规范、职业标准（任职资格）、职业理念 ◇企业主要管理流程 ◇××真实流程	实训项目：50笔物流运输业务处理技能 技能鉴定项目：运输配送路线优化管理技能鉴定
		硬件	仿真的声光电控制的智能化全国干线交通及北京城市交通展示盘、运输企业常用管理信息系统等	
		用具	管理工作基本耗材	
		教具	服务器、投影机、计算机、白板等	
		管理制度	◇实训室管理制度 ◇教学管理制度	
		课程资料库	教学大纲、教学计划、运行记录、学生作业	

（二）企业条件

1. 企业导师条件

企业拥有较为稳定的导师团队，能够开展员工岗位晋升培训、新员工入职培训及考核工作。企业导师应具有以下条件。

（1）具有良好的职业道德和协作能力、良好的师德和自主学习能力。

（2）能服从学校的教学管理，遵守企业教学规章制度。

（3）有 5 年以上企业岗位工作经历、大专以上学历或物流师以上职业资格证书。

（4）具有企业人力资源管理、技术服务、技术培训等岗位丰富工作经验的管理骨干和技术骨干或专业技术能力突出的一线优秀员工不受上述学历和职称限制。

2. 岗位培养条件

企业组织结构完整，管理制度健全，员工人数 500 人以上，内部培养自成体系，岗位管理规范；能按人才培养要求提供学徒岗位，且岗位培养设施设备条件与学徒人数匹配，基本能满足学徒岗位培养要求。

（1）教学场地条件。场地功能布局合理，教学设施设备先进，有集中学习的课室，可满足课程教学及岗位技能考核要求。

（2）岗位培养制度完善。建立并完善定期开展职业岗位能力提升的机制，如企业文化培训、服务流程培训、技术操作规范培训、职业素质提高培训等。

（3）人才培养体系独立、内容完整。包括课程管理（教学计划、培养对象、教学形式、课件、教材等）、师资管理（师资选拔、讲师定级管理）、岗位职业能力考核评价管理等。

（4）课程及教学形式丰富。包括入职培训、在岗培训课程，高层管理人员、中层管理人员及基层员工能力提升课程等。教学形式有集中教学、导师现场培训等。

3. 企业实训基地

北京安信捷达物流有限公司，成立于 2005 年 1 月，注册资金 3000 万元，总部设在北京，旗下有 11 个分公司，分别位于北京顺义、天津、青岛、潍坊、太原、石家庄、郑州、沈阳、呼和浩特、承德和北京朝阳；是一家集仓储保管、城市配送、电子商务、运输（含集装箱冷藏保鲜专用运输、海关监管货物运输）、物流信息服务、校企合作于一体的跨区域、网络化、信息化，并具有供应链管理能力的

AAAA 级综合型物流企业；也是中国物流与采购联合会理事会员，质量管理体系（ISO 9001：2015）获证单位，交通运输企业安全生产标准化达标单位，政府指定"城市货运保障绿色车队"，北京市物流标准化、流通领域现代供应链体系建设试点企业。

公司配套设施健全，自管仓库面积 120000 多平方米，公司自有金杯封闭货车、厢式货车、飞翼车、敞篷车、集装箱冷藏保鲜专用运输车、海关监管运输车、邮政专用车等不同车型 300 余台，公司所有车辆均安装有北斗 GPS 智能监控系统，并有交管部门核发的城市货运通行证。

城市配送以大型商超为主；公路干线运输以华北地区为主，全面开拓了全国各地的整车、零担业务，可保证安全、快速、优质、高效的物流服务。

公司始终秉承"精诚服务，追求卓越"的经营理念服务于广大客户，目前已与国内外一大批知名企业建立了长期稳定的合作关系，同时还为北京多所职业院校学生提供物流实训。安信捷达园区、教室、库内场景分别如附图 5-1 至附图 5-3 所示。

附图 5-1　园区

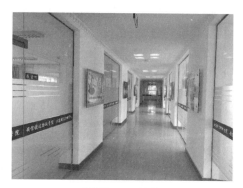

附图 5-2　教室

安信捷达实训基地于 2016 年 10 月正式启用，园区 20000 平方米，基础设施（含消防）完善，包括库房、办公区、教室、生活区。现有员工 160 人，目前主要为京东提供协同仓操作业务，运作品牌分别是维达系列产品、恒安系列产品、滴露系列产品。

附图 5-3 库内场景

基地除保障正常业务外，长期为企业员工、合作客户提供中层骨干人员职业技能培训，同时为合作院校学生提供实训，如附图 5-4 所示。

附图 5-4 企业内训

基地 2017 年承办北京市职业院校（高职组）物流技能大赛，如附图 5-5 所示。

附图 5-5 基地 2017 年承办北京市职业院校（高职组）物流技能大赛

2019 年为北京财贸职业学院商学院学生提供实训，如附图 5-6 所示。

附图 5-6　2019 年为北京财贸职业学院商学院学生提供实训

十三、实施与保障

（一）教学要求

公共基础课要符合教育部有关教学的基本要求，重点培养学生的文化素养，服务学生专业学习和终身发展，突出"以学生为中心"的理念，强调学以致用，为学生综合素质的提高、自我学习能力的提升、职业素质的形成和可持续发展奠定基础。

专业课程的教学按职业岗位（群）的能力要求，充分体现双主体育人、双场所教学、校企一体化的现代学徒制特征。专业课程的教学采用项目导向、案例分析、任务驱动、模拟教学、任务训练、角色扮演等教学法，教学内容与安排遵循学徒认知规律及适合学徒工学交替的学习形式与要求，发挥校企导师各自的教学优势，通过课程教学、基本技能训练、岗位培养，不断提高学生的专业能力和综合素质，以满足企业岗位需求。教学通过数字化资源、教学资源的开发与利用，结合岗位工作案例，提高课程教学效果。

（二）教学组织形式

根据校企岗位培养条件，采取"1+1+1"教学组织形式。"1+1+1"形式具体内容：第 1 年在学校学习理论知识，掌握最基本的技能；第 2 年在学校和企业学习专业技术技能课程及学徒岗位课程，通过认岗、跟岗、轮岗阶段到学校、企业、学校再到企业的多次反复，实现综合职业能力的提升；第 3 年在轮岗的基础上开始定岗工作，在校期间的教学任务安排以学校导师为主，在企业学习期间的教学任务安排以企业导师为主。学生从"学校－企业－岗位"，完成由"学徒员工－准员工－正式员工"的角色转换。

（三）学业评价

双导师共同制定考核评价标准，形成学生、学校、企业、客户共同评价的考核评价体系，以专业技术能力考核及客户评价为主，考核中不仅关注学生对物流专业知识的理解和技能的掌握，更重要的是关注学生在实践中运用知识解决实际问题的能力和水平，重视物流规范操作、安全意识、服务意识等职业素质的养成教育，以及团队合作、吃苦耐劳职业精神的培养。实践环节以工作能力评价、工作绩效评价和客户评价为主要考核依据。

考核评价方式有笔试、面试、任务考核、演讲、竞赛、客户满意度评价、绩效考核等。根据课程的不同，每门课程采取以上一种或多种考核方式相结合的形式进行，考核成绩的比重由"双导师"团队依据课程目标自行设计。

（四）教学管理

教学管理实现双主体三级负责制，在学校，学校是教学管理的主体。在分管校长的领导下，由学校（院）、二级学院、教研室（系、部）对人才培养质量诸要素和教学过程各环节进行管理、监控、检查、评价、反馈和调整。在企业，企业是教学管理的主体。企业负责人、人力资源部、培训部对学徒学习过程的各环节进行监控、考核评价及反馈。

教学管理通过"四双共管"，即双专业负责人、双班主任、双导师、双身份，加强教学过程管理的效果，责任到人，分工协作。如，学校专业负责人负责集中讲授教学安排，企业专业负责人负责制订集中培训、任务训练及在岗培养计划。学校班主任负责学生的学习考勤管理，企业班主任负责学生的岗位考勤管理。双导师负责课堂和岗位学习管理及考核评价；学徒双身份既遵守学校学生管理规定，又执行企业员工管理制度。

（五）质量监控

建立科学的质量管理体系，实行学分制管理，学生必须按照要求修完规定的学分才能毕业。教学质量监控将被纳入学校督导管理系统及企业员工培训考核管理体系。

（1）校企共同组建现代学徒制教学管理组织协调机构，配合教务处、二级学院（系部）对日常教学运行及课程建设进行管理和监控，及时解决教学中出现的问题。

（2）教务处、督导室不定期组织人员到企业进行现场听课，组织学生座谈、查阅教学文件和相关记录，开展评教、评学活动。

（3）企业进行定期和不定期的岗位巡视，检查学徒学习情况，及时反馈教学中出现的问题。

（4）建立网络质量监控系统，通过网络获取教学组织实施、学生学习、课程考核等信息，对课程教学效果和质量进行评价及反馈。

（六）师资队伍

1. 辅导员队伍

物流管理专业紧紧围绕具有财贸素养特色、能财会管职业能力特色、"学赛一体" CFL 特色人才培养的目标，通过学习培训、校企合作等途径加强师资队伍建设，形成了以"懂物流、会教学、能咨询"的"双师"素质专业教师队伍为主体，以"懂业务、会教学"的企业兼职教师队伍和"知物流、懂心理、会教育"的辅导员队伍为辅助的教育教学三支队伍，合作开展专业调研、制定人才培养方案并实施教学，共同培养具备严谨职业素养和能财会管职业能力的物流基层管理人才。

物流管理专业辅导员队伍中具备研究生学历 4 人，"双师"素质 2 人，有 1 人具有二级心理咨询师资格，1 人具有二级职业指导师资格，1 人被评为"北京市优秀辅导员"。他们了解物流行业，懂学生心理，承担财贸素养教育课程可以帮助学生全面发展、成长成才。

物流管理专业"懂物流、能教学、会教育"的教育教学三支队伍，为培养职业素养良好、职业基础扎实、职业技能熟练的物流管理人才提供了师资保障。

2. 专任师资

物流管理专业专任教师全部具有高级物流师职业资格证书，"双师"素质教师比例为100%；副高以上职称9人，1人荣获北京市教学名师称号，4人被评为北京市高校青年骨干教师，4名教师获得全国物流大赛裁判员证书，5名教师荣获国家级物流技能大赛"最佳指导教师奖"。他们了解物流行业发展趋势和人才需求，熟悉物流企业业务流程和工作标准，把握物流业基层管理人才培养规律，是指导学生掌握职业基础理论、提升职业素养、提高职业能力的主导力量。

3. 企业师资

物流管理专业聘请了来自北京安信捷达物流有限公司、北京京东物流有限公司、招商局物流有限公司、北京顺鑫绿色物流有限公司、北京环京物流有限公司、北京德利得物流有限公司等首都知名物流企业的 50 余位"懂业务、会教学"的管理专家和技术能手担任兼职教师，他们参与人才培养方案制定，承担"上班式"

职业能力核心课程开发和教学工作，指导学生岗位实践，帮助学生学习企业文化、掌握职业技能。

（七）教学资源

北京财贸职业学院商学院智慧物流系依据典型工作任务所涵盖的职业技能所需工作环境，运用行业、企业、岗位元素建成一个集仓储、配送、运输、信息管理等功能于一体的现代物流区。物流区包含仓储与配送业务实训室、国际物流实训室（国际厅）、物流电子商务信息服务实训室（信息厅）、物流运输调度实训室（运输厅）4个仿真实训室。

本专业针对物流中层主管的职业素养教育和职业能力培养，以课程资源库为核心，建立了满足专业教学、学生自主学习、技能大赛和社会培训需要的课程库、企业库、学生库等共享型专业教学资源库。其主要内容包括以下几个方面。

（1）以核心课程为主体的课程资源库。包括储配综合业务、运输综合业务、物流综合业务等职业能力核心课程的标准、电子教材、教学案例库、考试题库、技能大赛题库、文献资料库、实景视频、相关论文等内容的教学资源库，突出学生核心职业能力的培养，规范专业核心课程教学，培养学生自主学习的能力。

教学网站：https:\\bb.bjczy.edu.cn。

共有10门相关的网络课程，为实现线上与线下（O2O）相结合的创新教学模式奠定了坚实基础。

与网络课程配套的教材有《物流管理基础》《采购与供应链管理》《仓库作业管理》《连锁物流数据分析》等。

仓储与配送3D平台、货代与报关3D平台、企业管理（ERP）3D平台等教学软件平台及对应的教学资源库，将企业业务与工作实景融为一体，以3D动画和仿真模拟的形式融乐于教，提高学生学习兴趣。

另有海运综合方案设计、空运综合方案设计、物流采购业务与实务、运输与配送业务实训、物流信息系统5门物流专业E化课程。通过E化课程建设，大力推进网络学习平台建设、探索实践线上线下混合教学模式，将课程内容网络化，将实训内容流程化，有利于普及职业教育，提高学生学习效率和自主学习能力。

（2）建立了北京物流行业发展动态信息库。信息库包括物流行业发展动态、基本岗位特征、物流行业成功案例、物流业发展研讨论坛等，实现了校企资源共享和信息渠道沟通，拓宽和深化了学生的知识学习，支持了教师教学和科研活动的开展，让学生在物流行业成功案例的学习中感受物流文化，提升解决实际问题的能力。

（八）继续学习深造建议

物流管理专业高职学生继续专业学习建议如下。

（1）通过专升本途径，进一步学习物流管理、工商管理、电子商务管理、物联网等方面的本科课程。

（2）在实际工作中，加强物流企业管理和供应链管理等高级管理知识的学习。

（3）在获得助理物流师职业资格证的基础上，进一步积累实践经验和加强学习，获得物流师职业资格证书。

（4）进一步学习人力资源管理、财务会计，考取相关证书，以便拓展在物流企业的就业岗位。

（5）与国外的院校对接学习。

六、物流管理专业现代学徒制专业标准

现代学徒制高职物流管理专业教学标准

一、专业名称及代码

专业名称：物流管理。

专业代码：630903。

二、招生对象

招生对象：应往届高中毕业生、中职毕业生。

三、基本学制与学历

（一）学制。

学制为全日制三年。

（二）学历。

学习合格取得专科学历。

四、培养目标

本专业培养与我国社会主义现代化建设要求相适应，德智体美劳全面发展，面向国内外第三方物流服务业、商贸零售业、现代制造业，既能从事物流市场开发员、物流业务计划员、货代员、采购员、仓管员等岗位工作，又能胜任仓储配送业务主管、国际货代业务主管、物流主管等学徒岗位工作，具备物流业务处理、物流方案设计、物流团队管理能力，具有良好的职业形象、服务意识、团队合作精神及专业沟通能力，以及自主学习能力，能在团队中独立、负责、有效完成物流行业工作任务的复合型和创新型技术技能型人才。

1. 知识、能力、素质分析

（1）知识要求。系统掌握经济管理基础知识和物流管理专业基础理论，熟悉现代物流业务操作、流程、初步具备分析、设计、运营、管理的能力、方法与技能，具有人文、社会和学科素养，具有扎实的专业基础，较宽的知识面和知识结构。

（2）能力要求。具备物流市场调研与业务开发能力；具备物流储配、运输、国际货代等业务的实操能力；具备物流项目计划、组织与实施能力；具备物流客户关系管理与客户价值提升能力；具备较好的语言表达和沟通协调能力；掌握一门外语，能够熟练运用计算机办公软件和物流实务方面的应用软件，能够迅速适应实际工作岗位的要求。

（3）素质要求。具有强烈的社会责任感；具有良好的法律意识和团结合作的精神；具有良好的社会公德、职业道德和个人修养；具有健康的心理和体魄；了解最新物流动态，具有宽广的国际视野。

2. 毕业质量标准（课程学分、取证要求）

具有正式学籍的学生，在学院规定的学习年限内修完教学计划的全部课程与学分，获得专业规定的职业资格证书、高等学校英语应用能力等级证书和计算机等级证书，完成毕业设计与答辩，准予毕业。

五、培养方式

校企联合招生，联合培养，一体化育人。教学组织形式，主要有集中讲授、企业培训、任务训练、岗位培养、网络课程等。公共课程及专业技术技能课程的理论知识在学校或企业教学点由学校导师担任，专业技术技能课程的技术操作在企业教学点及岗位由企业导师担任。人才培养体现校企双主体、交互训练、岗位培养、学徒双重身份、工学交替、在岗成才的典型特征。

六、职业范围

（一）职业生涯发展路径

根据本专业物流管理目标岗位，运用头脑风暴、专家咨询和企业调研等方法，开展行业企业专家研讨，获得9个典型工作任务及不同职业生涯发展路径,详见附表6-1。

附表 6-1　物流管理专业职业生涯发展路径

发展阶段	学徒岗位	就业岗位											学历层次	发展年限	
		仓储			运输				综合物流					中职	高职
		仓储作业	仓储管理	仓储信息	货运代理	干线经营	城际快运	网络经营	信息处理	物流管理	企划管理	供应链融资			
六		物流总监、物流顾问、供应链总监等											高职	10年以上	8年以上
五		仓储经理			部门总经理				部门总经理、项目总经理等				高职	8~10年	5~8年
四	运营主管、仓储项目经理	仓储项目经理			货运经理、市场经理	运输总经理	运营主管	区域经理	物流分析经理	物流项目经理	数据分析经理、战略规划经理	运营主管	高职	5~8年	3~5年
三	仓管员、操作主管、单证主管、运输主管	仓管员、操作主管		单证主管	货运主管、市场主管	质量监控主管、运输主管	营销主管、运营主管	区域主管	物流分析主管	项目主管	战略规划主管	运营助理	高职	3~5年	2~3年
二	保管员、单证员、运营管理员	叉车司机	商品保管员、收货员、发货员	仓储单证员	货运管理、揽货员	客服人员、押运员	运营管理员	管理员					中职、高职	2~3年	1~2年
一			装卸工、搬运工				速递员、送货员						中职	1~2年	6~12月

（二）面向职业范围

物流管理专业面向职业范围详见附表 6-2。

附表 6-2　物流管理专业面向职业范围

序号	对应职业（岗位群）	学徒目标方向	技能证书/职业资格证书	备注
1	仓储	仓管员、操作主管、单证主管等	注册品类管理师、助理物流师职业资格证书	助理级
2	运输	运营管理员、运输主管等		
3	综合物流	项目主管		

1. 仓管员岗位

可以从事仓储商品保管、收发货管理、账务管理、叉车操作等一般技能型岗位工作。掌握仓储作业的管理流程；具有物流仓储业务管理能力，具有仓储管理流程执行能力和仓储物流操作能力。

2. 操作主管岗位

可以从事仓储管理等一般管理。掌握仓储作业的管理流程；具有物流仓储业务管理能力，具有仓储管理流程执行能力和仓储物流操作能力；能合理进行分区分类、货位标号及堆码垛；能指导装卸搬运人员安全规范地进行作业。

3. 单证主管岗位

熟悉物流单据管理流程；具有熟练的 WMS 信息系统操作能力，熟练的组织物流单据管理与信息系统操作实施能力，熟练的 WMS 仓储物流信息系统操作指导能力。

4. 运营管理员岗位

可从事货运领域的揽货、押运、客户服务以及初级的货运管理、运输网络管理等工作。能识别地图，根据订单需求确定送货路径，执行送货到门业务；熟悉货运管理技术规范，熟悉货物管理基本流程，熟悉货代工作流程。

5. 运营主管岗位

可从事货运管理、运输网络管理、运营管理等一般管理工作。具有多种货运方式运输管理和资源整合能力，一定的综合货运代理方案设计和执行能力；熟悉物流库存管理和调度优化，熟悉区域及城市市场运输资源和服务价格；具有较强的市场营销和商务谈判能力。

6. 项目主管岗位

能够设计简单的物流调查问卷，组织调查问卷和物流调查表的发放与回收，对调查资料进行初步分类、整理和统计分析；能够基本贯彻库存管理计划，初步分析库存状况、提出库存合理化建议、编制装卸搬运作业计划、编制仓库货物储存计划、运用运筹学和系统论基本知识制订配送计划等。

七、人才规格

（一）职业素养

物流管理专业职业素养详见附表 6-3。

附表 6-3　物流管理专业职业素养

职业素养	合作企业要求
具有良好的职业形象和服务意识，具有诚实守信、爱岗敬业、团结合作、吃苦耐劳的职业精神	具有良好的团队合作意识，能在团队中履行个人职责并支持配合他人开展工作
具有专业的沟通交流能力；具有信息安全及隐私保护意识；精益求精，具有高度责任心；主动创新，具有创新创业意识及能力	有产品安全和设备操作安全意识等，不违规操作；不泄露客户信息，尊重客户隐私

职业素养	合作企业要求
掌握物流行业发展方向，能够认真贯彻落实上级的指示决定，清楚了解项目商品的存储知识，掌握本工作领域的基本专业知识 具有爱岗敬业、乐于奉献的职业精神和社会责任感；具有良好的职业道德和行为规范，健康的心理素质	会用常用办公软件进行数据分析统计
具备良好的沟通能力，具有良好的表达、理解、分析、动手、社交能力；具备团队协作精神，具有合作意识，能组织部门其他成员共同完成工作任务	具有良好的信息观念；遵守企业规章制度，维护企业形象，保护企业机密

（二）专业能力

物流管理专业专业能力见附表 6-4。

附表 6-4　物流管理专业专业能力

专业能力	合作企业要求
掌握搬运与装卸的工作流程与技巧；熟悉搬运作业技术要求；能够执行企业仓库作业的规范与标准；能识别托盘、货架、手动搬运设备等简单操作工具；掌握常见装卸搬运设备的操作规范，了解注意事项，能够进行装卸、堆码、储存、分拣、包装、配载、送货等具体操作；能按仓储作业技术规范和标准，进行物品收、发、保管及填表、记账、盘点对账业务	商品接运前的准备，针对商品的特性进行装卸方案的规划设计，进货入库作业、保管作业、发货作业和盘点作业
了解商品属性，了解商品分类及编码常识，能够正确识别工作岗位常用标识；能够根据标识识别商品；能够依据商品属性选择搬运工具和搬运方法；能够在作业操作中使用托盘、手动搬运叉车等简单作业工具	能进行取货与送货的车辆调配、指挥，与供货方目的站的协调，运输计划的制订与装载的安排，相关单据的填写、交接和归档，运输、配送、车辆台账的更新，生产工具使用记录和保管，司机的调配管理，车辆的维修保养和燃油管理
能够正确地进行一般的搬运作业，能正确地对商品进行堆码垛；能够熟练使用常见的装卸搬运设备、计量器具、存储设施、养护设备、分拣设备、包装设备等并会简单维护，会使用各种消防器材；熟悉叉车的操作与驾驶；熟练使用手持终端进行操作	接受并执行配送指令；制订配送计划；进行车辆的日常调度；货物或商品的集配载；执行过程中的信息反馈

续表

专业能力	合作企业要求
能识别地图,根据订单需求确定送货路径,执行送货到门业务;熟悉货运管理技术规范,熟悉货物管理基本流程;熟悉货代工作流程;能够熟练使用常见的装卸搬运设备、计量器具,会使用各种消防器材;熟悉各种运输车辆特点与性能,了解车辆运输基本配载技巧与装卸流程	接受客户需求订单;订单实施的组织和监督;对配送、运输过程中出现的异常情况进行跟踪处理;协调客户关系,进行投诉处理;与相关部门的沟通;对问题处理的情况进行记录和反馈
掌握仓储作业的管理流程;具有物流仓储业务管理能力,具有仓储管理流程执行能力和仓储物流操作能力;能合理进行分区分类、货位标号及码垛;能指导装卸搬运人员安全规范的进行作业	监督物料的收发,对账目进行核对;制定仓库管理制度和运作规范,并监督实施;工厂库存策略的拟定和报批,制定物料的最高存储量和安全库存标准;组织好每期末的仓库物料盘点工作
具有 WMS 信息系统操作能力;可执行仓储信息收集、分类、处理等业务,完成物流相关单证的填制;具有多种货运方式运输管理和资源整合能力;一定的综合货运代理方案设计和执行能力;熟悉物流库存管理和调度优化	负责开展日常货物运输及人员接送工作,对公司车辆的合理、安全、节约使用负责;负责审批各部门用车需求申请单,并根据车辆需求合理安排车辆的使用;监督与管理各类车辆的油料供应工作;负责监督公司各类车辆的每日出行情况,负责审核每日车辆出行日志记录。根据业务需要安排合理数量和规格的作业车辆,并制订合理的调度计划;随时监控和掌握各车辆的具体去向和状态

八、典型工作任务与职业能力分析

根据仓管员、操作主管、单证主管等目标岗位,运用头脑风暴、咨询专家、问卷调查、案例研究等方法,开展行业企业专家研讨,获得除岗位认知外的 9 项典型工作任务,详见附表 6-5。

附表 6-5　岗位描述及典型工作任务

岗位业务描述	典型工作任务	核心职业能力
1. 根据客户需求,利用己方资源与外包资源,制订当日的配送计划(在保有服务质量的前提下选择最低成本的运营方式) 2. 了解客户需求,了解客户产品属性 3. 熟悉城市运输干线,能快速准确区分运输路线 4. 非常了解运输成本及能力,熟悉各种车型的运作成本及最大的荷载、容量 5. 清楚外包资源的优势与实际能力		1. 了解客户需求 2. 熟悉客户产品属性 3. 熟悉不同运营方式 4. 熟悉城市运输干线 5. 区分运输路线 6. 熟悉不同车型的运作成本 7. 熟悉不同车型最大的荷载及容量

续表

岗位业务描述	典型工作任务	核心职业能力
1. 接单下单：将客户要求和注意事项在内部委单上写清楚，转交到操作部门进行操作。 2. 信息录入：将明细录入表格中，方便查找，每天的货量做成报表 3. 跟踪：每天查看调度发布的跟踪表，并对货物出库等一系列操作进行跟踪 4. 异常处理：对于异常情况，应与客户进行及时沟通，如情节过于严重应及时向领导反映情况 5. 单据管理：每月将回单整理好给客户，做好详细的单据整理，如有异常发生，有据可查 6. 对账：每月跟财务对好明细，与客户对账、确认好费用后第一时间开票；每月配合财务跟客户确认应收未收款 7. 接听客户电话来访：每天接听客户电话，都应做好相应的记录，有异常情况，在核查清楚后5分钟之内回复客户	配送运输计划制定 顾客满意程度分析 物流运作统计及成本分析 进出库业务操作 单据操作与管理 客户服务管理 仓储设施设备管理 仓储商品管理 仓储运营与安全管理	8. 熟悉外包资源的优势与实际能力 9. 熟悉评价指标 10. 数据统计分析 11. 完成满意度分析报告 12. 单据数据统计整理 13. 形成数据分析报告 14. 接单下单 15. 信息录入 16. 数据操作跟踪 17. 对账 18. 接听客户电话来访 19. 异常处理 20. 客户信息管理 21. 客户档案信息更新 22. 按规定做好物资设备进出库的验收工作 23. 按规定做好物资设备进出库的记账工作 24. 按规定做好物资设备进出库的发放工作 25. 熟悉库房物资设备类型 26. 熟悉相应物资设备的品种、规格、型号及性能 27. 熟悉设备的安全维护基本技能 28. 监控库存状态 29. 保证物资设备及时供应 30. 发挥物资设备周转效率
1. 按规定做好物资设备进出库的验收、记账和发放工作，做到账账相符 2. 随时掌握库存状态，保证物资设备及时供应，充分发挥周转效率 3. 定期对库房进行清理，保持库房的整齐美观，使物资设备分类排列、存放整齐、数量准确 4. 熟悉相应物资设备的品种、规格、型号及性能，填写分明 5. 搞好库房的安全管理工作，检查库房的防火、防盗设施，及时堵塞漏洞 6. 完成公司领导交办的其他工作		31. 熟悉库房的消防通道 32. 熟悉库房的防火、防盗设施安全及使用 33. 熟悉库房清理内容 34. 熟悉物资设备分类存放方法 35. 熟悉库房运营报告撰写

九、课程结构

课程分为公共基础课和专业课两个模块，专业课程分为专业技术技能课程、学徒岗位能力课程、专业拓展课程三类。公共基础课程根据教育部有关规定安排，专业课程根据物流管理职业岗位（群）能力要求设置，专业技术技能课程依据不同学徒岗位方向共同需要的职业能力要求设置，学徒岗位课程根据学徒岗位方向的特定要求设置，专业能力拓展课程为学徒适应其他物流企业岗位能力要求而设置，由学校自行安排。课程体系结构详见附表6-6。

附表6-6　课程体系结构体系

课程类型	课程模块	课程名称	课程性质
公共基础课程		毛泽东思想和中国特色社会主义理论体系概论	必修
		思想道德修养与法律基础	必修
		形势政策	必修
		大学生社会实践课	必修
		经济应用数学	必修
		大学语文	必修
		实用英语	必修
		计算机基础与应用技术	必修
		职业发涯发展与就业指导	必修
		军事训练与国防教育	必修
		体育	必修
		大学生心理健康教育	必修
		安全教育课	必修
		财贸素养教育	必修
		公共选修课	选修
专业课	专业技术技能课	会计学基础	必修
		管理学基础	必修
		经济学基础	必修
		公路运输实务	必修
		仓储运作管理	必修
		配送作业管理	必修
		物流市场营销	必修
		采购与供应链管理实务	必修
		物流纠纷处理	必修

续表

课程类型	课程模块	课程名称	课程性质
专业课		陆运货代实务	必修
		海运货代实务	必修
		空运贷代实务	必修
		仓储规划与运作	必修
	学徒岗位能力课	顾客满意度分析	必修
		物流运作统计及成本分析	必修
		进出库业务操作	必修
		单据操作与管理	必修
		配送运输计划制定	必修
		岗位认知	必修
		客户服务管理	必修
		仓储设施设备管理	必修
		仓储商品管理	必修
		仓储运营与安全管理	必修
	专业拓展课（选修7选6）	WMS 软件操作	选修
		ERP 软件操作	选修
		模拟公司经营训练	选修
		物流管理信息系统	选修
		职场礼仪训练	选修
		电商物流	选修
		冷链物流	选修
		项目管理	选修
		连锁物流数据分析	选修
		工作流程与责任实训	选修
		物流业经营创新与发展前沿	选修
		物流综合实训	选修

十、课程内容及要求

（一）公共基础课

1. 毛泽东思想和中国特色社会主义理论体系概论 54 课时

着重讲授中国共产党把马克思主义基本原理与中国实际相结合的历史进程，充分反映马克思主义中国化的理论成果，帮助学生系统掌握毛泽东思想和中国特色社会主义理论体系的基本原理，坚定在党的领导下走中国特色社会主义道路的理想信念。

2. 思想道德修养与法律基础　54 课时

主要进行社会主义道德教育和法制教育，帮助学生增强社会主义法制观念，提高思想道德素质，解决成长成才过程中遇到的实际问题。

3. 形势政策　18 课时

形势政策是一门融政治性、思想性、科学性、知识性和实践性为一体的课程，基本任务是通过适时地进行党的路线、方针和政策以及国内外政治、经济形势的教育，帮助学生全面正确地认识国家改革与发展所处的国际环境、时代背景，正确理解党的基本路线、重大方针和政策，正确分析社会关注的热点问题，激发学生的爱国主义热情，增强其民族自信心和社会责任感。

4. 大学生社会实践课　18 课时

通过与校团委大学生寒、暑假社会实践活动相结合，在活动组织与开展过程中加强思想政治理论的指导，帮助学生在有组织、有计划、有目标的社会实践中了解社会进步和专业发展，学会理论联系实际，处理各类成长成才过程中遇到的问题。

5. 经济应用数学　72 课时

经济应用数学是一门基础理论与应用能力的培养课程。该课程内容设置的主要指导思想是通过微积分的学习，培养学生对经济活动进行量化分析的能力。掌握后续课程所必需的微积分基础知识及常用的数学方法，具有初步抽象概括问题的能力和一定的逻辑推理能力、并能够应用于经济领域，解决一些相关问题。

6. 大学语文　54 课时

大学语文是面向全院高职各专业大一学生开设的一门公共基础必修课程。课程开设的目的是继续培养和提高学生汉语语言文学方面的阅读、理解、欣赏和表达能力，进一步提高学生的思想境界、审美能力和人文素养。

7. 实用英语　126 课时

实用英语是一门培养学生在英语语言听、说、读、写、译等综合技能的课程。课程教学重点是纠正、巩固语音、语调、强化听说训练，同时侧重增加词汇语法知识练习、阅读方法与习惯练习、写作练习、翻译练习等。在注重各项语言技能的全面发展的基础上，重点突出语言交际能力的培养。此外，以精读课文为重点，在互联网背景下引导学生多渠道、全方位、立体式地扎实地掌握相当的词汇量、阅读量，掌握英语语言社会文化知识，掌握较强的英语逻辑思维能力、跨文化交际能力和复合型的人文素质，服务于未来职场中英语工作环境的需求。

8. 计算机基础与应用技术　54课时

本课程是学院各专业学生必修的公共基础课。通过该课程的学习，学生能够了解相关的计算机基础知识，并能熟练掌握办公软件的基本操作，达到全国计算机一级等级考试的水平，并为后续课程打下坚实的基础。

9. 职业发展与就业指导　36课时

职业发展与就业指导分为"职业生涯与发展规划"和"就业指导"两个模块。第一模块主要引导学生树立合理的职业目标，理性认识社会就业环境和个人专业专长，初步形成职业生涯发展规划。第二模块指导学生了解毕业生就业政策，掌握求职基本方法与技巧，找到合适的就业岗位，学会适应从校园到职场的角色转换。

10. 军事训练与国防教育　54课时

本课程带领学生了解现代军事战争和国防的基本知识，对学生进行爱国主义、集体主义教育、形式政策教育和国防教育，增强学生的国防意识、纪律观念和自立自理能力，使其养成良好的生活习惯和严谨的作风。

11. 体育　72课时

本门课程旨在培养学生终身体育的意识，并为学生日后从事各项工作奠定良好的身体素质基础，开设大学生心理素质拓展训练、动感单车、排球、篮球等模块。该课程设置由理论和实践两部分组成，理论部分教学内容主要包括运动项目的技战术理论和基本知识、运动健身的基本原理与锻炼方法、运动损伤的预防与处理、体育养生与保健知识、运动处方等方面构成学生的终身体育认知基础；实践部分以心理素质拓展和运动项目为主，突出运动技能的学习和锻炼过程，始终与提高学生的运动能力、心理健康和社会适应能力紧紧结合，为学生从事工作奠定健康的身体素质条件基础。

12. 大学生心理健康教育　36课时

大学生心理健康教育是集知识传授、心理体验与行为训练于一体的心理素质教育课程。本课程注重培养学生自我认知能力、人际沟通能力、自我调节能力，使学生明确心理健康的标准和意义。课程通过典型案例、心理测试和课堂活动等多种教学方式，使学生在体验中掌握并应用心理健康知识，增强自我心理保健意识和心理危机预防意识，切实提高心理健康素质。

13. 安全教育课 36课时

安全教育课是党和国家法律、法规、方针、政策为依据，以全面提高学生综合素质为目标，以安全责任、安全意识、安全知识和防范技能为主要教育内容，通过前置教育、课程教育和日常教育等多种途径，使在校学生增强安全意识，全面系统地掌握安全知识，更好地适应校园生活和今后走向社会需要。

14. 财贸素养教育 90课时

财贸素养教育是以社会主义主义核心价值观统领学生思想政治教育，依据财贸职业岗位与人打交道、以人作为服务对象的特点而设立的职业素养教育课程。本课程以"爱心、诚信、责任、严谨、创新"为核心教育主题，以班级建设、宿舍建设、节庆活动、学生社团为载体，在学生在校期间持续开展"爱心、诚信、责任、严谨、创新"五版块主题教育，每个版块主题都通过理性认识、自我行动、总结交流三个阶段，通过考核最后以认证合格的形式颁发财贸素养证书，着力培养和锻炼学生的服务意识、团队精神、职业道德、自我管理能力、人际关系协调能力、组织能力等职业基本素养。

15. 公共选修课 144课时

公共选修课开设目的是拓宽学生的知识面、专业面和特长，提高学生人文素养，培养职业素质，为学生职业生涯的可持续发展提供支持。公共选修课包括财贸通用能力训练课程、职业资格证书取证课程以及人文社科、自然科学、艺术鉴赏和心理类课程（讲座）。

（二）专业技术技能课

1. 经济学基础 36课时

该课程使学生全面系统掌握经济学的总体内容、主要结论和应用条件，能够正确领会和理解经济运行的逻辑关系和基本规律，能够对经济问题和经济现象进行简单分析，具备初步分析的能力。

2. 管理学基础 36课时

管理学是一门实践性和理论性、科学性和艺术性兼而有之的应用性学科，也是管理类各专业的一门基础课程，该课程旨在让学生树立现代管理的思想观念，掌握和运用管理学的基本原理和方法，提高自身的管理素质，培养和提高学生的理论素质和实践技能，并通过实践技能训练，提高学生的实践能力、创新能力和职业能力，为学生就业打下坚实的理论基础和职业基础。

3. 会计学基础　36课时

本课程是根据会计典型职业活动分析整合的会计专业核心课程，是物流管理专业学生进行知识拓展的课程，具有较强的理论性和实践性。其主要任务是让学生了解企业及企业经济业务类型、感知会计工作、了解会计核算方法应用等一般财务常识，为学生处理在物流管理工作过程中所涉及的相关问题奠定基础。

4. 公路运输实务　54课时

本课程主要培养学生城市公路运输线路规划能力和方案设计实施能力。学生通过学习，能熟练地掌握京津冀等重要交通枢纽城市间的网络布局、公路运输集货、分货线路规划设计。在掌握运输相关工作岗位职业技能的同时，要求学生熟悉首都公路线路网络分布，提高自身的职业素质，以胜任物流企业的运输岗位工作。

5. 仓储运作管理　54课时

本课程以京津冀储配企业调研为背景，引入对储配理论基础、储配设施设备、组织机构及业务类型的认知，在此基础上进行储配业务流程的学习。学生在完成本课程后，能全面了解仓储及配送中心的业务情况、作业流程、工作环节、岗位职责，具备简单方案设计、单据处理能力。在培养学生职业能力的同时，注重理解和体会仓储配送中心的职业特点和职业道德，提高学生职业素质，以胜任仓储配送岗位工作。

6. 配送作业管理　54课时

本课程主要培养学生物流运输管理能力。学生通过学习、模拟训练，能熟练地掌握运输业务流程的组织，运输业务的调度、管理的基本方法，具备运输财务的核算及熟练操作运输管理软件的职业能力。在掌握运输岗位的职业技能的同时，要求学生理解和体会运输岗位的职业特点和运输管理人员的职业道德，提高自身的职业素质，以胜任物流企业运输岗位工作。

7. 物流市场营销　54课时

本课程着重对物流市场营销的内容和特征、战略和策略等一系列问题进行分析和阐述。本课程的教学，能够使高职学生正确地理解现代物流市场营销理念，培养学生物流营销方案策划和执行能力，并具有对物流服务实施过程中出现的问题进行妥善处理的能力，成为现代物流经营管理的应用型人才。

8. 采购与供应链管理实务　54课时

采购业务是企业产生仓储、配送、运输等物流活动的基点，所以本课程的核心内容包括了采购计划的制订、采购流程的设计、供应商管理、招标采购、采购谈判等，并以情境、任务为载体，形成理论知识与职业技能相结合的教学模式。通过本课程的学习，学生理解和掌握采购供应管理的前沿理论，探讨分析京津冀一体化所形成的新购销模式，能够正确运用定性和定量相结合的分析方法，对企业采购、储存、供料过程以及供应商实施有效管理。本课程同时培养学生对采购过程中出现的问题进行妥善处理的能力。

9. 物流纠纷处理　54课时

本课程以物流相关专业基础知识和法律基础知识为基础，以培养学生应用物流业务法律法规知识的能力为目标。内容围绕物流行业诸多环节相关法规进行介绍，并增设工作实践中常见的市场主体法律制度和合同法律制度。课程采取讲授、案例释义和模拟实践教学等方法，使学生了解我国现行的物流法律法规知识，初步具备判断物流行为合法性及对物流业务合同进行管理的能力，以培养物流管理专业学生的行业法规意识，培养其运营管理能力。

10. 陆运货代实务　54课时

本课程是物流管理专业的一门专业课。要求学生能作为运输代理人组织汽车和铁路的集合装运，能够依托法律和基本合同法规的基础，处理简单的集合装运。本课程中学生完成的是运输代理人的职能。在汽车和铁路承运人处获取报价，并从交通、环境、政策以及经济等角度来确定承运人。通过适当的数据分析，在多式联运中组成适合的交通链，并采用综合运输方式对其他可能性进行尝试。学生在各自主持的小组里对不同的交通链进行区分，对其进行评估，并共同找到解决方案。作出决策后，向客户提供有关集合装运货物装载的咨询并展示流程。之后，制定简短的吸引人的演示，并有说服力地进行展示报告。根据计划订立货运代理合同和运输合同，并在法律和合同法规的基础上进行合同处理。采集处理合同所需的数据并制定出符合要求的单据。学生需要对各参与者之间的委托任务进行结算，掌握各个部分流程的成本并计算出盈利。学生也通过与客户的商谈，对整个流程的步骤进行检验，看出可能的错误，并对失误作出恰当的反应并从中总结教训。在此基础上对出现的障碍进行文档记录并对简单的索赔进行处理。

11. 海运货代实务　54课时

本课程基于国际贸易实务基础知识，以国际货物海运代理操作为主线，培养学生最基本的国际海运业务操作能力。课程包括国际货运代理的基本知识、国际货运代理的风险及防范、与货代有关的国际贸易知识与贸易单据的制作、班轮运输货运代理的操作实务、提单业务与法规、租船运输货运代理操作实务、国际多式联运等内容。课程教学采用课堂与线上教学、理论与实践教学相结合的方式，学生通过以上内容的学习，具备良好职业道德、熟练专业技能和可持续学习与适应能力，以适应京津冀地区国际物流企业对高技能物流人才的需要。

12. 空运货代实务　54 课时

本课程基于京津冀区域经济发展定位，以本区域国际航空货代企业为原型，以国际航空货运流程为主线，结合货代企业、外贸公司等企业的客服、操作等基础岗位所必需的货运代理从业人员的能力要求。课程内容为国际航空货运基础知识，航空货运进出口方案设计及执行，并培养学生掌握报关报检基本技能。本课程培养能从事国际货代一线操作和基层管理工作人员，具备良好职业道德、熟练专业技能和可持续学习与适应能力的技能型综合服务人才。

13. 仓储规划与运作　54 课时

本课程着重训练学生布局规划和设计能力、仓储配送等业务方案的设计优化与实施能力。课程以 B2B 物流和 B2C 物流为主要内容，以实际业务工作过程为导向，以实践性教学为手段，以实际工作任务驱动的方式，通过对课程总体目标的分解，确定相关工作任务，设计相应工作情境，并应用仓储配送布局设计软件，制作相关的布局模拟动画，同时让学生在实训场景中执行业务操作。学生通过本课程训练后，能全面把握各类储配业务布局规划管理工作，熟练掌握储配业务方案的设计与实施，理解和体会储配企业的职业特点，具备相应的职业素质，以胜任储配管理岗位工作。

（三）学徒岗位能力课程

1. 配送运输计划制定　40 课时

本课程根据客户需求，利用己方资源与外包资源，制订当日的配送计划（在保有服务质量的前提下选择最低成本的运营方式）。同时了解客户需求，了解客户产品属性。熟悉城市运输干线，能快速准确区分运输路线。

2. 顾客满意度分析　40 课时

本课程主要介绍客户满意度评价指标，并对其进行数据统计分析，完成满意度分析报告。

3. 物流运作统计及成本分析 40 课时

本学徒课程主要是根据统计期内的物流业务情况数据进行统计，并就成本进行相应的分析，找出降低成本的方法，并掌握相应的分析方法。

4. 进出库业务操作 40 课时

本课程主要是按规定做好物资设备进出库的验收、记账和发放工作，做到账账相符。随时掌握库存状态，保证物资设备及时供应，充分发挥周转效率。

5. 单据操作与管理 40 课时

本课程主要完成接单下单：将客户要求和注意事项在内部委单上写清楚，转交到操作部门进行操作。信息录入：将明细录入表格中，方便查找，将每天的货量做成报表。跟踪：每天查看调度发布的跟踪表，并对货物出库等一系列操作进行跟踪。异常处理：对于异常情况，应与客户进行及时沟通，如情节过于严重应及时向领导反映情况。单据管理：每月将回单整理好给客户，做好详细的单据整理，如有异常发生，有据可查。

6. 客户服务管理 40 课时

本课程主要是对账：每月跟财务对好明细，在跟客户对账、确认好费用后第一时间开票，每月配合财务跟客户确认应收未收款。接听客户电话来访：每天接听客户电话，都应做好相应的记录，有异常情况，在核查清楚后 5 分钟之内回复客户。

7. 仓储设施设备管理 40 课时

本课程主要是学习地牛、叉车的基本操作以及其他设施设备的操作与管理。

8. 仓储商品管理 40 课时

本课程主要是学习相应物资设备的品种、规格、型号及性能，填写分明。

9. 仓储运营与安全管理 40 课时

定期对库房进行清理，保持库房的整齐美观，使物资设备分类排列，存放整齐，数量准确。做好库房的安全管理工作，检查库房的防火、防盗设施，及时堵塞漏洞。

10. 岗位认知 20 课时

通过在企业现场观摩企业师傅讲解了解企业组织结构、岗位特点以及各岗位的工作性质和要点。学生通过学习，掌握企业的岗位内容，了解岗位性质。

（四）专业拓展课

1. WMS 软件操作　36 课时

本课程是高职物流管理专业的一门选修课，是一门和实际紧密结合的课程。本课程的任务是使学生掌握仓储配送中心业务软件操作的实训课程，通过课程学习，帮助学生熟练掌握仓储配送中心的业务流程、岗位职责、单据处理、设施设备、场景布局。可模仿实际业务情境，进行个人业务模拟训练和团队合作模拟训练。软件以 3D 动画模拟实际工作场景和实际业务情境，寓教于乐，提高学生学习兴趣，拉进校企育人场景间距，为从事有关实际工作奠定必要的基础。

2. ERP 软件操作　36 课时

本课程主要介绍 ERP 软件在企业中的主要作用以及对提升企业管理水平的重要作用，有利于对企业内资源的有效管理和企业整个供应链的优化管理的充分认识。

3. 模拟公司经营训练　36 课时

结合目前的最新技术发展和互联网的新特点，介绍最新的公司经营特点、方法以及经营过程中的有效管理途径和团队的管理方法。

4. 物流管理信息系统　36 课时

本课程着重培养学生最基本的物流管理信息系统构架认知、使用和维护能力，熟练掌握物流信息化技术应用。教学内容包括物流管理信息系统构架认知、物流信息化技术应用、物流企业信息平台构建和物流 ERP 系统构建分析。随着先进的物流装备和物流技术不断涌现，物流自动化技术飞速发展，本课程将最新的物流信息技术介绍给学生，除了讲授传统的条形码、RFID（射频识别技术）外，还介绍自动化立体仓库、各种物流输送设备、高速分拣机、AGV 等先进物流装备和技术。为了让学生理解物流信息系统在物流企业的重要性和广泛应用，本课程介绍了 ERP 系统的管理思想，让学生理解 ERP 对整个供应链的有效管理。学生在完成本课程学习之后，能全面地了解物流管理信息系统的模块关系、物流管理信息系统的业务流程，熟练地掌握物流管理信息系统使用和维护方法，以胜任中小企业的物流管理岗位工作。

5. 职场礼仪训练　36 课时

主要介绍学生职业生涯开始前应该熟悉的礼仪，掌握一些礼节性的知识，结合企业的现场，学习待人接物的方法和说话的方式。

6. 电商物流　36 课时

本课程主要阐述现代物流的基础知识，介绍最新的物流理念、现代化的物流系统、物流服务、第三方物流和供应链等方面的基础知识，掌握采购、储存保管、包装、装卸搬运、流通加工、配送、运输等现代物流活动的基本概念与特征，特别是物流活动各环节之间的关系和整体作用。引导学生对物流行业有一定的认知和了解，培养学生的专业意识和专业兴趣，提升学生的物流职业素质，最终形成解决物流实际问题的能力，为进一步学习其他专业课程提供理论、方法和技能上的准备。

7. 冷链物流　36 课时

本课程立足于综合服务型物流企业基层管理岗位及冷藏食品生产企业综合冷链部门基层管理岗位，使学生通过系统的课程学习，掌握冷链食品生产企业的冷链物流管理及冷链物流企业的运营管理，掌握肉类冷链（包装、储藏、运输、配送）等的实际操作流程。着重培养学生的冷链物流综合集成能力和实际业务处理能力。

8. 项目管理　36 课时

本课程旨在培养和提高学生对物流项目的组织操作和管理能力。课程以物流公司组织设置与团队搭建为前提，突出客户导向和一对一服务，以物流项目的运作流程为主线，结合京津冀物流一体化形势下的新项目，重点学习和训练物流项目需求识别与构思、可行性分析、物流项目任务分解、物流项目进度管理及项目管理软件应用等内容。课程采用项目教学法，小组成员共同制订计划、共同或分工完成工作任务，包括信息收集、方案设计、项目实施及最终评价，以培养学生综合物流业务处理能力和项目管理能力。

9. 连锁物流数据分析　36 课时

本课程涉及 MRO 仓储、配送、运输等供应链环节数据分析。引导学生运用流通经济理论、建模分析及信息技术等相关优化技术，对供应链各环节和环节之间的数据关系加以分析，理解数据背景下的供应链各环节物理行为。学生在了解企业岗位业务流程的基础上，能够深刻理解内在业务本质和规律，培养学生科学态度、严谨作风和扎实的职业能力，同时培养学生团队合作及组织管理能力，达到培养物流及数据分析管理人员的教学目标。

10. 工作流程与责任实训　36 课时

该课程基于高职学生特点和未来岗位工作需要，在学生掌握了一定的专业知识和专业技能后开始进行与职业规范和工作能力的训练课程。课程内容基于企业岗位特色普遍规律和职业规范并带有工作流程定义、工作流程特性，模型建立、流程优化和流程设计，使学生形成对工作流程的理解和自身约束力的训练，并达到培养学生严谨规范的岗位工作能力及遵守职业道德的教学目标，最终成为能满足企业岗位职业规范的技术工作人员。

11. 物流业经营创新与发展前沿　36 课时

本课程主要围绕物流行业在经济新常态下出现的新运营模式、技术创新和发展趋势等内容展开教学，选取标杆企业对平台模式、加盟模式、互联网+物流模式、甩挂运输、供应链金融等展开阐述，结合京津冀协同发展探讨首都物流业的发展趋势。

12. 物流综合实训　36 课时

本课程是一门物流专业综合实训课程，本课程的学习能使学生对物流公司有一个全面的认知。从组建物流公司到业务经营过程的训练，能够让学生学会组建物流公司及经营公司业务。结合现在的电子商务技术，每个学生都要学会建立网店、微店，并且进行实际的公司营销和推广工作。完成公司的注册流程和商品的销售，学会制作商业计划书。在此基础上，引入物流企业的真实业务案例，带领学生分析、设计、演练物流公司的业务流程和操作管理。采用分组训练、竞赛对练的评比考核方式，口头宣讲、笔试作业相结合，在培养学生的物流核心技能的前提下，训练学生的沟通交流综合能力。

十一、教学基本条件

实施校企联合培养、一体化育人，必备的基本条件：一是学校、企业、学生（家长）三方合作育人协议；二是合作育人的基本工作制度；三是企业有足够的学徒学习工作岗位和必需的课程教学基本条件。

（一）学校条件

1. 学校导师条件

学校导师的职业教育经验及工作经历，对现代学徒制人才培养模式内涵的认识和理解，是制定现代学徒制人才培养方案、构建课程体系、实施教学组织等各环节重要因素。学校导师应具备以下条件。

（1）具有高等职业院校及以上教师资格证书；原则上应为有行业企业相关岗

位工作经历和实践经验，本科以上学历，讲师以上职称，有物流师或相关职业资格的"双师型"教师。

（2）专业核心技能课程教师应具备"双师"职业资格证书及从教能力，连续三年独立完成专业主干课程（至少两门）教学任务。

（3）具有运用专业知识解决实际问题的能力，具有创新性思维，教学思路清晰，教学方法与内容能够满足学徒岗位技术能力提升要求。

（4）了解物流行业发展及市场需求，熟悉本专业学生主要就业岗位典型工作任务及能力要求。

2. 校内实训室

校内实训室及主要设施设备和业务，按照如下要求配置。

（1）仓储与配送业务实训室。

仓储与配送业务实训室建设内容见附表 6-7。

附表 6-7　仓储与配送业务实训室建设内容

面积/m²	人数	项目	内容	实训与技能鉴定项目
400	55	环境	◇制定道德规范、职业标准、职业理念 ◇制订管理业务流程 ◇企业布局实景图片 ◇办公区域	实训项目： 50 项仓储业务处理技能 技能鉴定项目：物流业务处理技能；布局与流程管理技能鉴定
		硬件	货架、模拟商品、POS 机、物流常用设备、标签、模拟沙盘，仓储企业常用的管理信息系统等	
		用具	学生工作用的笔记本、账单等	
		教具	服务器、投影机、计算机、白板等	
		管理制度	◇实训室管理制度 ◇教学管理制度	
		课程资料库	教学大纲、教学计划、运行记录、学生作业	

（2）国际物流实训室。

国际物流实训室建设内容见附表 6-8。

（3）物流电子商务信息服务实训室。

物流电子商务信息服务实训室建设内容见附表 6-9。

附表 6-8　国际物流实训室建设内容

面积/m²	人数	项目	内容	实训与技能鉴定项目
150	55	环境	◇货代业务基本规范、业务流程设计理念 ◇业务流程设计基本工作流程 ◇企业实景图片	实训项目：50笔陆、海、空运单据的业务流程设计和现场的中转操作管理训练 技能鉴定项目：货代业务流程设计技能鉴定
		硬件	模拟商品、机场、码头常用物流设备，以及国际物流公司真实的管理信息系统	
		用具	学生工作用的笔记本、账单等	
		教具	服务器、投影机、计算机、白板等	
		管理制度	◇实训室管理制度 ◇教学管理制度	
		课程资料库	教学大纲、教学计划、运行记录、学生作业	

附表 6-9　物流电子商务信息服务实训室建设内容

面积/m²	人数	项目	内容	实训与技能鉴定项目
150	55	环境	◇物流基层领班人道德规范、职业标准（任职资格）、职业理念 ◇企业主要管理流程 ◇××真实流程	实训项目：50笔物流询价，成本核算训练 技能鉴定项目：物流数据处理技能鉴定
		硬件	货运电子商务服务系统、物流客户服务管理跟踪系统、电子显示屏等	
		用具	管理工作基本耗材	
		教具	服务器、投影机、计算机、白板等	
		管理制度	◇实训室管理制度 ◇教学管理制度	
		课程资料库	教学大纲、教学计划、运行记录、学生作业	

（4）物流运输调度实训室。

物流运输调度实训室建设内容见附表 6-10。

（二）企业条件

1. 企业导师条件

企业拥有较为稳定的导师团队，能够开展员工岗位晋升培训、新员工入职培训及考核工作。企业导师应具有以下条件。

附表 6-10　物流运输调度实训室建设内容

面积/m²	人数	项目	内容	实训与技能鉴定项目
150	55	环境	◇物流基层领班人道德规范、职业标准（任职资格）、职业理念 ◇企业主要管理流程 ◇××真实流程	实训项目：50笔物流运输业务处理技能 技能鉴定项目：运输配送路线优化管理技能鉴定
		硬件	仿真的声光电控制的智能化全国干线交通及北京城市交通展示盘、运输企业常用管理信息系统等	
		用具	管理工作基本耗材	
		教具	服务器、投影机、计算机、白板等	
		管理制度	◇实训室管理制度 ◇教学管理制度	
		课程资料库	教学大纲、教学计划、运行记录、学生作业	

（1）具有良好的职业道德和协作能力、良好的师德和自主学习能力。

（2）能服从学校的教学管理，遵守企业教学规章制度。

（3）有 5 年以上企业岗位工作经历、大专以上学历或物流师以上职业资格证书。

（4）具有企业人力资源管理、技术服务、技术培训等岗位丰富工作经验的管理骨干和技术骨干或专业技术能力突出的一线优秀员工不受上述学历和职称限制。

2. 岗位培养条件

企业组织结构完整，管理制度健全，员工人数 500 人以上，内部培养自成体系，岗位管理规范；能按人才培养要求提供学徒岗位，且岗位培养设施设备条件与学徒人数匹配，基本能满足学徒岗位培养要求。

（1）教学场地条件。场地功能布局合理，教学设施设备先进，有集中学习的课室，可满足课程教学及岗位技能考核要求。

（2）岗位培养制度完善。建立并完善定期开展职业岗位能力提升的机制，如企业文化培训、服务流程培训、技术操作规范培训、职业素质提高培训等。

（3）人才培养体系独立、内容完整。包括课程管理（教学计划、培养对象、教学形式、课件、教材等）、师资管理（师资选拔、讲师定级管理）、岗位职业能力考核评价管理等。

（4）课程及教学形式丰富。包括入职培训、在岗培训课程，高层管理人员、中层管理人员及基层员工能力提升课程等。教学形式有集中教学、导师现场培训等。

十二、教学要求

（一）教学安排

公共基础课要符合教育部有关教学的基本要求，重点培养学生的文化素养，服务学生专业学习和终身发展，突出"以学生为中心"的理念，强调学以致用，为学生综合素质的提高、自我学习能力的提升、职业素质的形成和可持续发展奠定基础。

专业课程的教学按职业岗位（群）的能力要求，充分体现双主体育人、双场所教学、校企一体化的现代学徒制特征。专业课程的教学采用项目导向、案例分析、任务驱动、模拟教学、任务训练、角色扮演等教学法，教学内容与安排遵循学徒认知规律及适合学徒工学交替的学习形式要求，发挥校企导师各自的教学优势，通过课程教学、基本技能训练、岗位培养，不断提高学生的专业能力和综合素质，以满足企业岗位需求。教学通过数字化资源、教学资源的开发与利用，结合岗位工作案例，提高课程教学效果。

（二）教学组织形式

根据校企岗位培养条件，采取"1+1+1"教学组织形式。"1+1+1"形式具体内容：第1年在学校学习理论知识，掌握最基本的技能；第2年在学校和企业学习专业技术技能课程及学徒岗位课程，通过认岗、跟岗、轮岗阶段到学校、企业、学校再到企业的多次反复，实现综合职业能力的提升；第3年在轮岗的基础上开始定岗工作，在校期间的教学任务安排以学校导师为主，在企业学习期间的教学任务安排以企业导师为主。学生从"学校－企业－岗位"，完成由"学徒员工－准员工－正式员工"的角色转换。

（三）学业评价

双导师共同制定考核评价标准，形成学生、学校、企业、客户共同评价的考核评价体系，以专业技术能力考核及客户评价为主，考核中不仅关注学生对物流专业知识的理解和技能的掌握，更重要的是关注学生在实践中运用知识解决实际问题的能力和水平，重视物流规范操作、安全意识、服务意识等职业素质的养成教育，以及团队合作、吃苦耐劳职业精神的培养。实践环节以工作能力评价、工作绩效评价和客户评价为主要考核依据。

考核评价方式有笔试、面试、任务考核、演讲、竞赛、客户满意度评价、绩效考核等。根据课程的不同，每门课程采取以上一种或多种考核方式相结合的形式进行，考核成绩的比重由"双导师"团队依据课程目标自行设计。

（四）教学管理

教学管理实现双主体三级负责制，在学校，学校是教学管理的主体。在分管校长的领导下，由学校（院）、二级学院、教研室（系、部）对人才培养质量诸要素和教学过程各环节进行管理、监控、检查、评价、反馈和调整。在企业，企业是教学管理的主体。企业负责人、人力资源部、培训部对学徒学习过程的各环节进行监控、考核评价及反馈。

教学管理通过"四双共管"，即双专业负责人、双班主任、双导师、双身份，加强教学过程管理的效果，责任到人，分工协作。如，学校专业负责人负责集中讲授教学安排，企业专业负责人负责制订集中培训、任务训练及在岗培养计划。学校班主任负责学生的学习考勤管理，企业班主任负责学生的岗位考勤管理。双导师负责课堂和岗位学习管理及考核评价；学徒双身份既遵守学校学生管理规定，又执行企业员工管理制度。

（五）质量监控

建立科学的质量管理体系，实行学分制管理，学生必须按照要求修完规定的学分才能毕业。教学质量监控将被纳入学校督导管理系统及企业员工培训考核管理体系。

（1）校企共同组建现代学徒制教学管理组织协调机构，配合教务处、二级学院（系部）对日常教学运行及课程建设进行管理和监控，及时解决教学中出现的问题。

（2）教务处、督导室不定期组织人员到企业进行现场听课，组织学生座谈、查阅教学文件和相关记录，开展评教、评学活动。

（3）企业进行定期和不定期的岗位巡视，检查学徒学习情况，及时反馈教学中出现的问题。

（4）建立网络质量监控系统，通过网络获取教学组织实施、学生学习、课程考核等信息，对课程教学效果和质量进行评价及反馈。

（六）师资队伍

1. 辅导员队伍

物流管理专业紧紧围绕具有财贸素养特色、能财会管职业能力特色、"学赛一体"CFL 特色人才培养的目标,通过学习培训、校企合作等途径加强师资队伍建设,形成了以"懂物流、会教学、能咨询"的"双师"素质专业教师队伍为主体,以"懂业务、会教学"的企业兼职教师队伍和"知物流、懂心理、会教育"的辅导员队伍为辅助的教育教学三支队伍,合作开展专业调研、制定人才培养方案并实施教学,共同培养具备严谨职业素养和能财会管职业能力的物流基层管理人才。

物流管理专业辅导员队伍中具备研究生学历 4 人,"双师"素质 2 人,有 1 人具有二级心理咨询师资格,1 人具有二级职业指导师资格,1 人被评为"北京市优秀辅导员"。他们了解物流行业,懂学生心理,承担财贸素养教育课程可以帮助学生全面发展、成长成才。

物流管理专业"懂物流、能教学、会教育"的教育教学三支队伍,为培养职业素养良好、职业基础扎实、职业技能熟练的物流管理人才提供了师资保障。

2. 专任师资

物流管理专业专任教师全部具有高级物流师职业资格证书,"双师"素质教师比例为 100%;副高以上职称 9 人,1 人荣获北京市教学名师称号,4 人被评为北京市高校青年骨干教师,4 名教师获得全国物流大赛裁判员证书,5 名教师荣获国家级物流技能大赛"最佳指导教师奖"。他们了解物流行业发展趋势和人才需求,熟悉物流企业业务流程和工作标准,把握物流业基层管理人才培养规律,是指导学生掌握职业基础理论、提升职业素养、提高职业能力的主导力量。

3. 企业师资

物流管理专业聘请了来自北京安信捷达物流有限公司、北京京东物流有限公司、招商局物流有限公司、北京顺鑫绿色物流有限公司、北京环京物流有限公司、北京德利得物流有限公司等首都知名物流企业的 50 余位"懂业务、会教学"的管理专家和技术能手担任兼职教师,他们参与人才培养方案制定,承担"上班式"职业能力核心课程开发和教学工作,指导学生岗位实践,帮助学生学习企业文化、掌握职业技能。

（七）教学资源

北京财贸职业学院商学院智慧物流系依据典型工作任务所涵盖的职业技能所需工作环境,运用行业、企业、岗位元素建成一个集仓储、配送、运输、信息管理等功能于一体的现代物流区。物流区包含仓储与配送业务实训室、国际物流实训室（国际厅）、物流电子商务信息服务实训室（信息厅）、物流运输调度实训室

（运输厅）4 个仿真实训室。

本专业针对物流中层主管的职业素养教育和职业能力培养，以课程资源库为核心，建立了满足专业教学、学生自主学习、技能大赛和社会培训需要的课程库、企业库、学生库等共享型专业教学资源库。其主要内容包括以下几个方面。

（1）以核心课程为主体的课程资源库。包括储配综合业务、运输综合业务、物流综合业务等职业能力核心课程的标准、电子教材、教学案例库、考试题库、技能大赛题库、文献资料库、实景视频、相关论文等内容的教学资源库，突出学生核心职业能力的培养，规范专业核心课程教学，培养学生自主学习的能力。

教学网站：https:\\bb.bjczy.edu.cn。

共有 10 门相关的网络课程，为实现线上与线下（O2O）相结合的创新教学模式奠定了坚实基础。

与网络课程配套的教材有《物流管理基础》《采购与供应链管理》《仓库作业管理》《连锁物流数据分析》等。

仓储与配送 3D 平台、货代与报关 3D 平台、企业管理（ERP）3D 平台等教学软件平台及对应的教学资源库，将企业业务与工作实景融为一体，以 3D 动画和仿真模拟的形式融乐于教，提高学生学习兴趣。

另有海运综合方案设计、空运综合方案设计、物流采购业务与实务、运输与配送业务实训、物流信息系统 5 门物流专业 E 化课程。通过 E 化课程建设，大力推进网络学习平台建设、探索实践线上线下混合教学模式，将课程内容网络化，将实训内容流程化，有利于普及职业教育，提高学生学习效率和自主学习能力。

（2）建立了北京物流行业发展动态信息库。信息库包括物流行业发展动态、基本岗位特征、物流行业成功案例、物流业发展研讨论坛等，实现了校企资源共享和信息渠道沟通，拓宽和深化了学生的知识学习，支持了教师教学和科研活动的开展，让学生在物流行业成功案例的学习中感受物流文化，提升解决实际问题的能力。

七、物流管理专业主要学徒课程课程标准示例

物流管理专业主要学徒课程有 10 门：仓储设施设备管理、仓库商品管理、仓库运营与安全管理、单据操作与管理、岗位认知、顾客满意度分析、进出库业务

操作、客服服务管理、配送运输计划制定、物流运作统计及成本分析等。

以"进出库业务操作"课程为例，课程标准见附表 7-1。

附表 7-1　"进出库业务操作"课程标准

课程编码		课程性质	专业核心课程
适用专业	物流管理	面向岗位	仓库管理员
总学时	40	总学分	2

（一）课程概述

1. 课程性质/定位

本课程是物流管理专业的专业核心课程，是一门以培养仓储技术操作能力为主的实践课程。课程以仓储业务知识与技术为基础，与仓库管理岗位的典型工作任务对接，涵盖物流管理专业主要就业岗位典型工作任务的核心内容，融入物流职业资格标准、职业技能标准、行业规范化服务标准。课程具有综合性、实践性强的特点，重点培养学生运用仓储管理知识进行出入库业务操作的实践能力。

2. 课程设计

设计思路：本课程为校企共同开发，基于仓储管理岗位工作过程典型工作任务设计学习项目，突出业务操作能力培养。以真实工作任务设计学习情景，课程内容及考核与职业资格标准、职业技能标准要求衔接，教学过程与工作流程衔接，以工学交替、任务训练等为主要教学形式，让学生熟练掌握仓储岗位工作流程、岗位技能并灵活运用，使其达到熟练操作水平，满足其职业发展需要。

内容组织：将完成典型工作任务所需知识及能力与仓储管理岗位职业技能标准要求相融合，组织教学内容。以工学交替、任务训练为主要教学形式，教学内容由两个学习项目（入库和出库）及若干个学习任务组成。

（二）课程教学目标

1. 认知目标

（1）了解仓储入库和出库业务知识、工作原理、业务处理方法。

（2）熟悉仓储入库和出库工作流程及作业规范。

（3）熟悉仓储入库和出库作业操作技巧及工作注意事项。

2. 能力目标

（1）具备处理仓储入库和出库业务的操作能力、专业能力。

（2）具备根据仓储入库和出库出现的不同业务情况分析问题、解决问题的能力。

3. 情感目标

（1）培养学生诚实守信、爱岗敬业的职业素养。

（2）培养学生自主学习、开拓创新的从业意识。

（3）培养学生团队合作、协调沟通、自我管理等综合素质。

（三）课程结构

课程结构见附表7-2。

附表 7-2 课程结构

序号	学习任务（单元、模块）	对接典型工作任务及职业能力要求	知识、技能、态度要求	教学活动设计	课时
1	任务1 仓储企业认知	1.1 仓储企业概况 1.2 仓储企业组织机构 1.3 仓库布局与设施设备 1.4 仓库业务流程	能够辨识仓储作业组织；能够辨识仓储布局与设施；能够理解仓库业务基本流程	观看视频；引导分析；企业参观；成果展示	4
2	任务2 仓储商务认知	2.1 仓储经营模式 2.2 仓储合同与仓单 2.3 仓储纠纷处理	熟悉仓储经营方式；能够编写仓储合同和仓单；能够处理仓储纠纷	案例分析；模拟展示；企业实践	4
3	任务3 入库业务处理	3.1 入库作业流程及岗位 3.2 接货准备 3.3 接货作业 3.4 入库上架	能够明确入库作业环节和岗位职责；能够熟练处理入库作业；能够填制入库单据	演示讲解；培训交流；业务处理；软件操作	16
4	任务4 出库业务处理	4.1 出库业务流程及岗位 4.2 拣货作业 4.3 复核作业 4.4 打包作业 4.5 订单异常处理	能够明确出库作业环节和岗位职责；能够熟练处理出库作业；能够填制出库单据；能够处理订单异常	演示讲解；培训交流；业务处理；软件操作	12
5	任务5 仓库现场和绩效管理	5.1 仓库现场管理 5.2 仓库绩效管理	掌握仓库7S现场管理思想；了解仓库出入库作业绩效测评方法	培训交流；总结报告	4
合计					40

（四）课程资源保障

课程资源保障见附表 7-3。

附表 7-3　课程资源保障

教材	叶靖. 仓储作业管理，北京：水利水电出版社，2019. 孙宏英. 仓储与配送管理. 大连：东北财经大学出版社，2017. 薛威. 仓储作业管理. 北京：高等教育出版社，2014. （说明：以上教材编写及使用体现先进性、通用性、实用性；将本专业新技术、新产品、技术创新纳入教材，教材体例不同于传统教材）
环境资源	学校：多媒体教室、电脑机房、储配实训室、图书馆等 企业：实习实训基地 （学校提供满足专业理论及基本技能教学的实训条件，企业提供现场教学、岗位能力培养的实训条件）
数字化资源	校企共同开发和利用的网络教学平台及课程资源 3D 虚拟数字仿真物流实训平台 物流企业实际应用的相关软件
企业岗位 培养资源	合作企业安信捷达根据物流行业发展要求，将其新技术、新方法、高科技仪器设备的应用方法，整合为课堂教学、案例教学的资源，作为岗位培养的教学条件。能利用现代技术手段，实现线上线下教育的结合，改善教学工作条件，使教学内容与行业发展要求相适应
导师团队	专业专职教师 2～3 人组成的团队、企业实践或兼职教师若干 校内师资团队应该具备物流管理相关专业背景、中高级职称、高级物流师职业资格、具备一定的专业英语水平；企业导师应具备丰富的现场作业管理经验，业务熟练，善于指导

（五）教学建议

校企合作完成课程教学任务。教学采用集中授课、在岗培养、任务训练等形式，学校导师集中讲授理论知识，使学生了解操作原理；企业导师以任务训练、岗位培养等形式让学生进行技术技能训练及岗位实践，使学生符合上岗要求，教学过程突出"做中学、学中做"，全面培养学生的专业技术综合能力和职业素质。

（六）课程考核与评价

"进出库业务操作"课程按照过程性评价与结果性评价相结合的方式进行课程考核，过程性评价为主要考核方式，成绩包括出勤、学习表现、阶段任务完成情况等，体现为基于行为规范、工作态度、工作能力三方面的日常表现综合评分；结果性评价以应知应会测试为主。

"进出库业务操作"课程考核方案见附表 7-4。

附表7-4 "进出库业务操作"课程考核方案

考核项目	考核要素	自评分/%	企业导师评分/%	校内导师评分/%
行为规范	遵守公司的规章制度（包括出勤、培训、行为举止、仪容仪表、环保、节约等）	10	60	30
工作态度	在工作中所体现出的积极性、责任感、协同性、沟通能力、服务态度等	10	60	30
工作能力	包括掌握的专业技能、完成工作的质量、工作效果、工作效率、工作业绩等	10	60	30
应知应会测验		—	—	100
……	……			
合计				
综合得分：企业导师评分×60%+校内导师评分×30%+自评分×10%				

注：考核项目和考核要素的设置可根据不同岗位要求有所侧重。

（七）其他说明

（1）本课程标准由物流教研室与北京安信捷达物流有限公司共同开发。

（2）执笔人：叶靖。

（3）审核人：李作聚。

八、物流管理专业师傅选拔标准

物流管理专业现代学徒制企业师傅选拔标准与管理规定

（一）目的

充分发挥企业师傅技能优势，真正起到传、帮、带作用，帮助学徒（学生）更好更快地融入工作，达到岗位要求。

（二）企业师傅选拔标准

（1）能较好遵守职业道德规范，以身作则，为人师表。

（2）认同公司的企业文化和价值观，品行端正，爱岗敬业，吃苦耐劳，有责任心，团结同事，工作认真、积极。

（3）在公司工作超过5年，无违规违纪行为。

（4）工作期间无重大责任事故以及客户严重投诉行为记录。

（5）能积极主动配合上级领导的工作安排。

（6）具备娴熟的设备操作技能，以及扎实的理论知识基础，能独立处理作业过程中出现的各类异常。

（7）有物流相关职业资格证书者优先。

（三）师傅责任和义务

（1）确定师徒关系后，根据培训内容定期对徒弟实施培训计划。

（2）在实习实训过程，对徒弟的工作技能实时进行指导。

（3）负责指导和解答徒弟提出的与技术、工作相关的问题，及时发现并纠正差错。

（4）培训期满后对徒弟进行考评。

（四）对师傅的要求

（1）带徒弟期间无徒弟投诉。

（2）所带学徒在学习期满后能独立完成日常作业，并能进行简单的异常处理。

（3）所带学徒应至少能初步了解相关作业流程并示范作业。

（五）处罚措施

带徒期间1年内累计被徒弟投诉3次，经查实确为师傅之错的，撤销师傅资格。

以上，自学生实训之日起执行。

九、物流管理专业学徒课程教案样本

物流管理专业双导师协同合作实施教学案例

课程名称： 仓库运营与安全管理。

教学案例： 仓储作业管理。

仓储作业管理教学实施见附表9-1。

附表9-1 仓储作业管理教学实施

教学题目	仓储作业管理（理论学习）				
授课教师	学校教师	授课课时	6课时	授课地点	学校
教学目标	1. 学会仓库入库作业流程；懂得进行仓库入库作业操作；掌握仓库入库的单证缮制、审核 2. 掌握货物在库作业准备的知识；掌握货物保管、保养的基本原理；掌握盘点作业方式 3. 掌握出库的要求，了解物品出库的原则；领会物品出库的基本流程				

续表

教 学 设 计			
教学内容（包括重点、难点）	学生活动设计	教师活动设计	教学用具
一、入库阶段 （一）入库准备 1. 了解各种入库货物的状况 2. 制订仓储计划 3. 掌握仓库库场情况 4. 仓库妥善安排货位 5. 做好货位准备 6. 准备必要的苫垫材料、作业用具 7. 装卸搬运流程设定 8. 文件单证准备 9. 合理安排人力、设备 （二）接运 1. 接运卸货作业 2. 核查入库凭证 （三）验收 1. 核对资料 2. 检验 （四）交接 1. 商品入库验收单 2. 商品溢余短缺报告单 3. 商品残损变质报告单 二、储存保管阶段 （一）储存保管 1. 分类整理 2. 上架、堆垛 3. 倒垛 4. 储存经济管理（顶额、财产处理） 5. 安全管理 （二）维护保养 1. 温度、湿度控制 2. 维护保管 3. 检查、盘点 三、出库阶段 （一）出库 1. 核对凭证 2. 审核、划价 3. 备料、包装 4. 改卡、记账 （二）发运代运 1. 领料或送料 2. 代办托运 重点：仓库理货作业 难点：物品组托作业	1. 课堂讨论 2. 课堂情景模拟活动 3. 课后搜集资料	1. 启发式提问 2. 课堂讲授 3. 观看德国某物流公司的资料片	1. 电子教案 2. 多媒体教学 3. 音像资料
课 后 学 习 设 计			
作业	1. 描述入库作业流程 2. 如何进行仓库温湿度的控制？ 3. 苫盖有哪些要求？ 4. 退货的原因与处理流程		
参考书	刘华. 物流仓储与配送实务. 北京：清华大学出版社，2017.		

续表

网站	亚洲物流在线 中国物流网（CLNet） 中国物流资源网 56 物流网

教学题目	仓储作业管理（企业学习）				
授课教师	企业教师	授课课时	6 课时	授课地点	企业
教学目标	1. 准确、及时地办理货物的入库验收及交接手续；审核仓库入库的单证 2. 能够根据物品保管作业的要求填制和传递相关单据；能够根据货物属性进行物品的堆码、苫盖、垫垛等 3. 能制订与填写出库订单、拣选单、补货单等单据报表；能解决物品出库中的实际问题				

教 学 设 计

工作任务	工作目标	工作准备	备注
任务一：仓库理货作业 现有一批包装规格长宽高为 50cm×40cm×30cm 的货物 51 箱要入仓库。其中有一个包装有损毁，该包装内装有 5 个货物，需要拆装后，将 5 个货物重新包装后把货物拣选出来，放置在出货区等待出货。要求理货员做如下工作。 （1）在货物入库前，仓库理货员为其办理接收手续。包括核对货物的名称、品种、数量、规格、等级、型号以及重量等 （2）制作残损单 （3）利用学习过的托盘货物堆积模型，将 50 箱货物堆码在指定区域的托盘上 （4）制作理货清单 （5）将破损的包装拆装后，掏出 5 个货物，重新包装后将货物拣选出来，放置在出货区出货	提供仓库企业真实环境让学生充当理货员进行实习，使学生学会仓库理货作业流程，懂得仓库理货作业操作，掌握仓库理货单证缮制、审核	（1）了解仓库理货作业采购、物流、仓储等相关知识 （2）准备理货道具货物 51 箱、规格 1200×1000（cm）的托盘 10 个，以及相关的理货单证，如残损单、理货单、出库货物交接单等 （3）将全班学生分成若干组，每组设理货员 5 员 （4）工作时间：4 学时 （5）工作环境：仓库实训室、机房等资源配合	1. 安全教育 2. 企业制度教育 3. 团队配合

任务二：物品组托作业
（1）作业任务单

任务单编号	01
物品名称	×××
物品数量	30 箱
包装物规格	395×295×275（mm）
托盘规格	1000×1200×160（mm）
货位规格	2300×900×1230（mm）双货位
堆码方法	纵横交错式
要求	奇偶层缝合理，货物包装物边缘不允许超出托盘边缘 20mm 货位载荷满足货物承重要求

工作目标	工作准备	备注
（1）培养托盘规格的识别能力和托盘码放方式的设计 （2）培养包装物规格的准确、快速判定能力 （3）具备最大限度地提高托盘利用率的能力	（1）了解组托、组托方式与方法的相关知识，了解托盘与叉车、货架的配合使用有关规定与要求 （2）作业要素 <table><tr><td>1</td><td>场地</td><td>30～50m²，地面平坦，视野开阔</td></tr><tr><td>2</td><td>托盘</td><td>1000×1200，1～2 个 1000×1000，1～2 个 800×1000，1～2 个 1100×1100，1～2 个 非标托盘，3 个</td></tr><tr><td>3</td><td>物品</td><td>根据各自学校的实训条件，选择 5 种包装规格、物品名称、型号、数量</td></tr><tr><td>4</td><td>其他材料</td><td>拉伸膜、手动包装材料、包装带、劳动保护工具等</td></tr></table>	1. 安全教育 2. 企业制度教育 3. 团队配合

续表

任务单编号	02
物品名称	×××
物品数量	45 箱
包装物规格	460×260×230（mm）
托盘规格	1000×1200×160（mm）
货位规格	2300×900×1230（mm）双货位
堆码方法	纵横交错式
要求	奇偶层缝合理，货物包装物边缘不允许超出托盘边缘20mm 货位载荷满足货物承重要求

任务单编号	03
物品名称	×××
物品数量	50 箱
包装物规格	455×245×200（mm）
托盘规格	1000×1200×160（mm）
货位规格	2300×900×1230（mm）双货位
堆码方法	纵横交错式
要求	奇偶层缝合理，货物包装物边缘不允许超出托盘边缘20mm 货位载荷满足货物承重要求

（2）准确判断商品包装物的规格
（3）正确判断标准托盘和非标准托盘，并选择指定的托盘
（4）根据包装物的规格和托盘规格之间的比例关系，做到码放合理、整齐牢固、利用率高
（5）组托时要考虑货位、托盘、货物等因素的影响